Die schönsten Glückwünsche

Bruno Horst Bull (Hrsg.)

Die schönsten Glückwünsche

Texte und Gedichte
für jeden Anlaß

BASSERMANN

Im Bassermann-Programm sind unter anderem auch folgende Titel erschienen:
„Volkslieder" (Nr. 0001)
„Großes Wilhelm Busch Album" (Nr. 0004)
„Unser schönes Deutschland neu gesehen" (Nr. 0008)
„Lebensweisheiten" (Nr. 0060)

ISBN 3 8094 0074 2

© 1992/1993 by Bassermann'sche Verlagsbuchhandlung, 6272 Niedernhausen/Ts.
Die Verwertung der Texte und Bilder, auch auszugsweise, ist ohne Zustimmung des Verlags urheberrechtswidrig und strafbar. Dies gilt auch für Vervielfältigungen, Übersetzungen, Mikroverfilmung und für die Verarbeitung mit elektronischen Systemen.
Titelbild: MAURITIUS-Grafica, Mittenwald
Zeichnungen: Daniela Schneider, Frankfurt
Die Ratschläge in diesem Buch sind von Herausgeber und Verlag sorgfältig erwogen und geprüft, dennoch kann eine Garantie nicht übernommen werden. Eine Haftung des Herausgebers bzw. des Verlags und seiner Beauftragten für Personen-, Sach- und Vermögensschäden ist ausgeschlossen.
Gesamtkonzeption: Bassermann'sche Verlagsbuchhandlung, D-6272 Niedernhausen/Ts.

817 2635 4453 62

Inhalt

Gereimtes für liebe Menschen	7
Neujahr	9
Dreikönigstag	28
Fastnacht – Fasching – Karneval	39
Valentinstag	52
Frühlingsfeste	69
Ostern	80
Muttertag	93
Geburts- und Namenstage	104
Pfingsten	143
Verlobungs- und Hochzeitsfeste	149
Kinder- und Jugendfesttage	194
Schulabschluß und Berufsstart	206
Betriebsjubiläum und Pensionierung	213
Neues Heim	222
Feste im Heim und im Verein	232
Abschied und Reise	254
Erntedank	266
Advent und Nikolaus	270
Weihnachten	278
Silvester	292

Motto

Spitzt das Ohr, und merkt euch still,
was die gute Sitte will!
Wer die schöne Form erfaßt,
ist ein gerngesehener Gast;
wer sich frech und plump beträgt,
wird ohne Besen hinausgefegt.

      Paula Dehmel

Gereimtes für liebe Menschen

Glückwünsche und Festgedichte gehören zu jedem besonderen Tag wie das sprichwörtliche Salz zur Suppe. Auf Gratulationskarten geschrieben oder aufgesagt, als Dreingabe zu einem Präsent oder auch zusammen mit einem Blumenstrauß überreicht, kann man sie nutzen, um liebe und uns wohlgesonnene Menschen zu erfreuen.
Doch auch hier gilt die Regel: lieber wohldosiert als zuviel des Guten, sonst verderben wir uns und unseren Zuhörern den Appetit.
Viele Sach- und Gebrauchsbücher kommen heute nicht mehr ohne lange Einleitungen und Gebrauchsanweisungen aus. In einer Rezension (am 8.10.1991 in der F.A.Z.) hieß es dazu: „Lange ... Einleitungen werden gewöhnlich wenig gelesen, weil die Autoren dort vorwiegend über ihre Arbeitsweise, ihre langen Leiden und seltenen Freuden bei der Entstehung des Werkes berichten."
Nur selten lohnt sich die Lektüre wirklich. Ersparen wir also dem Leser die „langen Leiden und seltenen Freuden", die zur schließlichen Auswahl dieser „schönsten Glückwunschgedichte" führten. Beschränken wir uns vielmehr auf den praktischen Nutzen dieses Gebrauchsbuches. Das Wort „Gebrauchslyrik" trifft vorrangig auf alte und neue Glückwunschgedichte zu. Es nützt dem Leser allerdings wenig, wenn er in einem Buch über die schönsten Glückwunschverse seitenlang barocke Huldigungsgedichte zu Hochzeiten, Sieges- oder Totenfeiern findet, auch wenn einige dieser Gesänge, von

unterwürfigen Hofpoeten verfaßt, durchaus schön sein können.

Andere gereimte Werkstücke aus früherer Zeit hingegen, an nahestehende Verwandte oder – wie in der Klassik – an die Geliebte gerichtet, haben in unserem Buch einen wohlverdienten Platz. Sie erzählen von zeitlosen Gefühlen, Sorgen und Nöten, die nichts von ihrer Aktualität eingebüßt haben. Manchmal haben wir bei bestimmten Gedichten allzu Weitschweifiges gekürzt und hin und wieder auch einen unverständlich gewordenen Vierzeiler einfach weggelassen. In ganz, ganz wenigen Fällen, etwa in dem bekannten Schlagerlied aus dem vorigen Jahrhundert „Schier dreißig Jahre", haben wir auch etwas gemogelt. „Schier dreißig Jahre alt" geworden war ursprünglich der alte Soldatenmantel des Verfassers, nicht aber sein guter Freund. Ein 30 Jahre altes Kleidungsstück zu besingen, würde heute wohl keinen interessieren; unsere Kleidermode wechselt jeden Sommer und Winter. Deswegen jedoch auf Altbewährtes zu verzichten, brachten wir nicht übers Herz.

So hoffen wir, daß manches frisch Ausgegrabene von bekannten und weniger bekannten „alten" Dichtern dem Leser ein Aha-Erlebnis beschert, ihn vielleicht sogar anregt, sich einen dieser poetischen Ohrwürmer für den eigenen Hausgebrauch einzuverleiben, oder ihn umzudichten.

Neben Volksgut und volkstümlichen Reimen aus neuerer Zeit enthält das Buch auch „Selbstversuche" und eigene Werkstücke des Herausgebers, die nicht namentlich gekennzeichnet sind.

Es sei noch darauf hingewiesen, daß Teile dieser Sammlung dem vom Herausgeber stammenden Glückwunschbuch „Glück und Segen" (Hamburg 1964) entnommen wurden.

Verlag und Herausgeber

Neujahr

Mit dem 1. Januar beginnt das neue Jahr. Warum das so ist, darüber macht sich heute wohl niemand mehr Gedanken. Bei den Lateinern im antiken Rom war es noch anders. Da war der Dezember, wie sein Name immer noch sagt, der zehnte Monat im Jahreskreis. Das Jahr war mit dem Februar zu Ende. Deshalb fehlen dem Narrenmonat auch in jedem Jahr ein paar Tage, weil's zu mehr nicht reicht. Mit dem Frühling begann wieder das Leben in der Natur, und damit ein neues Jahr mit Aussaat, Wachstum, Ernte und Winterruhe. Das sind unsere vier Jahreszeiten! Das Neujahr beginnt heute zehn Tage nach Winteranfang, und auch dies hat einen Sinn: Die deprimierende „Talsohle" wurde bereits durchschritten! Die Tage werden nun nicht mehr kürzer und die Nächte nicht mehr länger. Die Sonne steigt wieder über den Horizont; jeder Tag wird nun schon um einen Hahnenschrei länger. An Zuspruch soll es ihm hierbei nicht fehlen.

Prost Neujahr!

Zum neuen Jahre sag ich: Prost!
Für allen Kummer einen Trost;
ein Pflästerchen für jedes Weh
wünsch ich zu diesem Jahr in spe!

Fahrt durch die 12 Monate

12 Pferde ziehen eine Kutsche,
12 Monde auch genannt.
Ich wünsch zur Fahrt in dieser Kutsch'
dir einen guten, guten Rutsch
und sonst noch allerhand:
Die Fahrt sei amüsant!

*Auf eine Neujahrskarte
zu schreiben*

Das alte Jahr ist vergangen,
das neue hat angefangen:
Glück zu,
Glück zu
zum neuen Jahr!

Aus Westfalen

*Kartengruß zum neuen Jahr
(für einen Lieben in der Fremde)*

Gute Laune, guten Schwung!
Bleib noch 50 Jahre jung.
Werd danach nur langsam alt,
komm im neuen Jahre bald
wieder heim, ich sehn mich sehr.
Flieg schnell her, und – mündlich mehr!

Mit Schwung gefunkt!

Mit Schwung ins neue Jahr!
Das alte ist schon gar,
das neue fängt erst an;
ich funke, was ich kann
in dieser nächt'gen Stund':
Dies Jahr sei reif und rund.
Doch du, mein Schatz, bleib schlank,
und – werde niemals krank!

*Am Neujahrsmorgen
aufzusagen*

Im Himmel, im Himmel
ist ein goldener Tisch.
Da sitzen die Engel
bei Fleisch und bei Fisch.
Im Himmel, im Himmel
ist ein goldener Thron.
Gott geb euch, Gott geb euch
den Himmel zum Lohn.

Aus der Schweiz

Lieder zum Neujahrsumzug

Wir wünschen dem Herrn einen reichen Tisch,
auf allen vier Enden einen gebratenen Fisch.
Wir wünschen der Frau eine goldene Kron'
und übers Jahr einen jungen Sohn.
Wir wünschen dem Sohn einen weißen Schimmel,
daß er kann reiten bis in den Himmel.
Wir wünschen der Tochter ein goldenes Geschnür
und übers Jahr einen feschen Offizier.
Wir wünschen der Köchin den Besen zur Hand,
daß sie kann kehren die Dielen und Wand.

Aus Ostpreußen

Wir wünschen zum Neujahr euch allen zugleich
die heilige Dreifaltigkeit!
Was wünschen wir dem Hausherrn?
Was wird ihm recht sein?
Einen Beutel Dukaten und recht viel in der Scheun'.
Ein Glück zum Rind, zum Pferd, zum Schwein,
den Kasten voll Korn und den Keller voll Wein.
Was wünschen wir der Hausfrau?
Was ist sie denn wert?
Ein silbernes Küchengeschirr und einen goldenen Herd.
Die Speisekammer finster, die Küche schön licht,
und wenn sie tut kochen, daß sie auch dabei sicht.
Wir schließen vorm Bösen Fenster und Tor.
Das heilige Kreuzzeichen macht Jesus davor.
Und was wir euch wünschen, das mache Gott wahr.
Das ist unser Wunsch für das künftige Jahr!

Aus Österreich

(Die Knechte und Mägde auf dem Lande traten am Neujahrsmorgen vor ihre Herrschaft und wünschten mit diesen Sprüchen Glück und Segen. Der Gutsherr oder die Bäuerin belohnten die Mühe mit einem Geldgeschenk oder mit Schnaps, Wein und Kuchen.)

Neujahr

Zum neuen Jahr

Wie heimlicherweise
ein Engelein leise
mit rosigen Füßen
die Erde betritt,
so nahte der Morgen.
Jauchzt ihm, ihr Frommen,
ein heilig Willkommen,
ein heilig Willkommen,
Herz, jauchze du mit!
In ihm sei's begonnen,
der Monde und Sonnen
an blauen Gezelten
des Himmels bewegt.
Du, Vater, du rate!
Lenke du und wende!
Herr, dir in die Hände
sei Anfang und Ende,
sei alles gelegt!

      Eduard Mörike

Zum neuen Jahr ein neues Herze

Zum neuen Jahr ein neues Herze,
ein frisches Blatt im Lebensbuch.
Die alte Schuld sei ausgestrichen.
Der alte Zwist sei ausgeglichen
und ausgetilgt der alte Fluch.
Zum neuen Jahr ein neues Herze,
ein frisches Blatt im Lebensbuch!
zum neuen Jahr ein neues Hoffen!
Die Erde wird noch immer grün.
Auch dieser März bringt Lerchenlieder.
Auch dieser Mai bringt Rosen wieder.
Auch dieses Jahr läßt Freuden blühn.
Zum neuen Jahr ein neues Hoffen.
Die Erde wird noch immer grün.

Karl Gerok

Im neuen Jahre Glück und Heil

Im neuen Jahre Glück und Heil!
Auf Weh und Wunden gute Salben.
Auf groben Klotz ein grober Keil,
auf einen Schelmen anderthalben!

Johann Wolfgang von Goethe

*Die Jüngsten gratulieren
ihren Eltern*

Ich lernt' einen Glückwunsch,
der klang wohl recht gut
von Segen, Gesundheit
und fröhlichem Mut; –
ich hab ihn vergessen.
Drum nehmt dafür hin
mich selber, und glaubt mir,
der Glückwunsch steckt drin!

In dem funkelneuen Jahr
sei es, wie's im alten war;
Gott behüte euch und mich
jeden Tag recht väterlich.

Ich bin ein kleiner Knabe
und bringe, was ich habe,
mein Wünschchen freundlich dar.
Mög' es euch nur gefallen,
das wünsche ich vor allem.
Viel Glück zum neuen Jahr!

Aus dem 19. Jahrhundert

In Dankbarkeit

Eltern, die ich zärtlich ehre,
mein Herz ist heut voll Dankbarkeit.
Der treue Gott dies Jahr vermehre,
was euch erquickt zu jeder Zeit!
Der Herr, die Quelle aller Freude,
verbleibe euer Trost und Teil;
sein Wort sei eures Herzens Weide
und Jesus das erwünschte Heil.
Ich dank für alle Liebesproben,
für alle Sorgfalt und Geduld,
mein Herz soll alle Güte loben
und trösten sich stets eurer Huld.
Gehorsam, Fleiß und zarte Liebe
verspreche ich auch dieses Jahr.
Der Herr schenk mir nur gute Triebe
und mache all mein Wünschen wahr.
Amen.

Friedrich Schiller, im Alter von 10 Jahren

1. Den Eltern zum Neujahr

Auch ich will euch was singen
zum lieben neuen Jahr,
und sollt' es mir gelingen,
wird auch mein Glückwunsch wahr.
Voll sollen eure Taschen
voll Geld und Wechsel sein,
und alle eure Flaschen
gefüllt mit teurem Wein.
Es sollen alle Braten,
Pasteten und Biskuit
der Mutter wohl geraten.
Nun: Guten Appetit!
Ist alles froh und heiter,
hab ich auch frohen Mut
und wünsche mir nichts weiter
als: bleibt mir immer gut!

2. Dem Vater zum Neujahr

Die Jahre kommen, Jahre fliehn;
schnell eilen Stunden und Tage hin.
Ich wünsche dir, lieber Vater, heut
Glück, Freude und Zufriedenheit.
Gehorsam Gott und dir zu leben,
will ich von heut an mich bestreben.

*3. Gratulation
für die Großeltern*

Prosit! Das neue Jahr ist da.
Gott wolle gnädig geben,
daß Großmama und Großpapa
es noch recht oft erleben
zu meines Herzens Lust und Freud'
von Sorgen, Kreuz und Not befreit,
das wünsche ich von Herzen.

*4. Dem Großvater
zum neuen Jahr*

Lieber Großpapa! Es scheide
nie von dir das Glück, die Freude,
und dein ganzes Leben sei
fröhlich stets und sorgenfrei.
Diesen Wunsch, die fromme Bitte
bringt dir heut zum neuen Jahr
und mit kindlichem Gemüte
dankerfüllt dein Enkel dar.

5. Der Großmutter zum neuen Jahr

Großmama! Voll Lieb' und Lust
schmieg ich mich an deine Brust,
wünsche, daß dir immerdar
sei des Lebens Himmel klar;
und macht ihn ein Wölkchen trübe,
so verscheucht es meine Liebe!

6. Dem Onkel zum Neujahr

Unter vielen Gratulanten,
Schornsteinfegern, Musikanten,
Stiefel- und Laternenputzern,
Ladendienern, anderen Stutzern,
die mit hohlen Händen sich
heut dir nahen, komm auch ich.
An des Jahres erstem Morgen
will ich Besseres besorgen
als was jene Hände suchen.
Meinst du ein Stück Honigkuchen?
Sonst nicht übel, aber doch
möcht ich viel, viel Besseres noch.
Deine Huld und deine Liebe,
daß ich ihrer würdig bliebe!
Was der andere Troß begehrt,
ist mir heut nicht wünschenswert:
Besseres trägt er nicht davon,
denn das Beste hab ich schon.

1.–6. aus: „Der Gelegenheitsdichter", 19. Jahrhundert

Den lieben Nachbarn

Verklungen sind die Neujahrsglocken,
drum machte ich mich auf die Socken,
um fröhlich euch zu gratulieren
und euren Kuchen zu probieren.
Gebt mir davon ein großes Stück:
Ich wünsche Segen, Geld und Glück!

(Von einem Kind aufzusagen)

Dem Großvater zum neuen Jahr

Weil heut das neue Jahr anbricht,
komm ich beim frühen Morgenlicht,
Großvater, in dein liebes Haus
und bring dir diesen Blumenstrauß.
Dabei ist mir das Herz so voll,
ich weiß kaum, was ich sagen soll.
Doch weiß es Gott und schickt für mich
ein Engelein, das segnet dich
und schenkt des Lebens höchstes Gut:
Gesundheit dir und heiteren Mut.
Und daß auch ich ein Kleines tu,
so bring ich dir mein Herz dazu,
und geb zum frohen Morgengruß
dir endlich auch noch einen Kuß.

Friedrich Güll

*Glückwunsch
für einen guten Freund*

Ein neues Jahr! Tritt froh herein,
mit aller Welt in Frieden;
vergiß, wieviel der Plag' und Pein
das alte Jahr beschieden!
Du lebst: Sei dankbar, froh und klug,
und wenn drei bösen Tagen
ein guter folgt, sei stark genug,
sie alle vier zu tragen.

Friedrich Wilhelm Weber

Einem Freunde zum neuen Jahr

Mein bester Freund, ich wünsche dir
ein hübsches, junges Weibchen,
die Haut so weiß wie Postpapier
und schmuck und schlank das Leibchen;
dann hunderttausend Taler Geld
und was dir sonst noch alles gefällt.

Aus dem Biedermeier

Einer Hausfrau, die gern kocht

Das Jahr hat zweiundfünfzig Wochen,
da gibt es viel und gut zu kochen.
Drum sei dir ein Rezept verraten,
das besser schmeckt als Sonntagsbraten
und jedem mundet, der's probiert.
Drum hör es an ganz ungeniert,
wie du statt Braten und Salaten
sollst jeden Tag im Jahr „verbraten".
Ein jeder Tag werd' angerührt
mit Frohsinn, wie's sich stets gebührt.
Angst, Geiz und Bitteres, was nichts nutzt,
die werden einfach weggeputzt.
Ein Quantum Arbeit und Humor,
die kommen alle Tage vor,
dazu gib eine Prise Freude
und Optimismus – nicht nur heute.
Ein Körnchen Takt, auch Ironie,
die fehlen zu dem Ganzen nie.
Die Toleranz sei nicht vergessen,
sie sei das Salz in diesem Essen.
Heiter serviert soll es uns munden,
mit sehr viel Liebe abgebunden
und gern gegeben, wie man sieht,
macht's einen guten Appetit.
Wir all', die Alten und die Jungen,
wir freun uns, wenns Rezept gelungen.
Du bist der Mittelpunkt im Haus
und kommst kaum aus dem Trott heraus.
Dein Wirken ist kein Honiglecken,
doch wir – wir lassen es uns schmecken.
Und darum danken herzlich wir
dir heut dafür!

Neujahr

*Neujahrsbrief eines Lehrlings
an seinen Meister*

Herzlich und aufrichtig wünsche ich Ihnen zum neuen Jahr alles Gute. Mit Elternliebe begegneten Sie mir; aber ich übte nicht immer Kindespflicht. Ich war nicht stets wie ein guter Lehrling sein sollte. Ihre Nachsicht habe ich öfters mißbraucht, ernste Rügen hätte ich verdient. Mit Scham und Reue bekenne ich meine Fehltritte und bitte Sie deswegen um Verzeihung. Im neuen Jahre soll es besser gehen. Ernstlich nehme ich mir vor, meine Fehler und meinen Leichtsinn abzulegen. Im neuen Jahr will ich mit mir selbst anfangen: Helfen Sie mir in meinem Vorsatze durch Ihre wohlwollenden Ermahnungen! Durch Gottes Beistand wird es mir gelingen.

Aus: „Der Gratulant in Prosa", 19. Jahrhundert
(von „He, Boß! Ich will mehr Geld!" durfte damals
noch nicht die Rede sein…)

Erhabne Großmama!

Des Jahres erster Tag
erweckt in meiner Brust ein zärtliches Empfinden,
und heißt mich ebenfalls, Sie jetzo anzubinden
mit Versen, die vielleicht kein Kenner lesen mag;
indessen hören Sie die schlechten Zeilen an,
indem sie wie mein Wunsch aus wahrer Liebe fließen:
Der Segen müsse sich heut über Sie ergießen,
der Höchste schütze Sie, wie er bisher getan.
Er wolle Ihnen stets, was Sie sich wünschen, geben,
und lasse Sie noch oft ein neues Jahr erleben.
Die Feder wird hinfort mehr Fertigkeit erlangen!

Johann Wolfgang von Goethe, im Alter von 7 Jahren

Dem kreativen Team

Damit die Arbeit wieder schmeckt,
nach der ihr euch die Finger leckt,
so daß ihr – trotz dem geringen Salär –
die Aufgaben löst. Ob leicht, ob schwer
ist dabei egal, ihr macht es schon
ganz souverän – sonst wär's doch ein Hohn!
Ihr seid die beste Mannschaft am Ort.
Unmögliches schafft ihr mit links und sofort.
Die Wunder dauern dann auch nicht viel länger.
Dem Chef wurde manchmal schon bang und auch bänger,
weil ihr euch so verausgaben tut,
denn, soviel man weiß, habt ihr nie geruht.
Dies ist schon bekannt bis Hongkong und Birma,
drum: Weiter so, Leute! Zum Wohle der Firma
wie im alten, so auch im neuen Jahr.
Der Vorsatz gefällt – ist doch sonnenklar.
So gehn heut die Wünsche von ihr und von ihm
herzlichst zum kreativen Team!

*Ein Glückwunschtelegramm
zum neuen Jahr*

Ihr sitzt beim Karpfen und beim Punsch
und denkt euch nichts dabei.
Ganz überraschend kommt mein Wunsch
zum neuen Jahr statt Schreiberei.
Und was steht in dem Telegramm,
das grad zu euch geflogen kam:
„Glück, Gesundheit, Reichtum, Frieden
sei Euch im neuen Jahr beschieden!"

Neujahr

Was bringt uns die Zukunft?

Was bringt das Jahr in seinem Schoße,
was hält die Zukunft uns verhüllt?
Ob traurig fallen unsere Lose;
wird unser Herzenswunsch erfüllt?
Wer, lieber Freund, darf sich vermessen,
des Himmels Pläne zu durchschauen?
Das wäre wahrlich gottvergessen,
das hieß, zu sehr sich selbst vertrauen.
Doch leuchten uns drei schöne Sterne
ins angefangene Jahr hinein;
sie machen hell die dunkle Ferne
und lernen uns zufrieden sein.
Der Glaub', die Lieb' und treues Hoffen,
dies sind die Sterne wundermild;
sie leiten sicher durch die Zeiten,
ist auch die Zukunft uns verhüllt.
Der Glaube lehrt nach oben schauen,
die Liebe macht das Leben schön;
die Hoffnung lehrt uns Schiffe bauen,
die selbst im Sturm nicht untergehn.
Drum mögen dich die drei geleiten
das Jahr hindurch, durchs Leben hin;
dann wirst du selbst in bösen Zeiten
erhalten dir zufriedenen Sinn.

Nach 1800

Neujahrswunsch an alle Welt

Aus des Himmels Sternenhallen
geht ein neues Jahr hervor,

und von allen Seiten schallen
Wünsche und Bitten an sein Ohr.
Armut klagt: Ich trinke Wasser,
und mein Brot ist hart wie Stein.
Gib mir, wie dem reichen Prasser,
leckere Kost und guten Wein!
Habgier ruft: Ich kann nicht rasten,
ich muß stets nach Golde glühn;
laß denn meinen Gott im Kasten
immer wachsen, immer blühn!
Ehrgeiz sagt: Ich blick und strebe
zu des Ranges Gipfeln auf.
Drum, so hoch du kannst, erhebe
mich in deiner Monde Lauf.
Selbstsucht schreit: Gib her, gib alles,
alles, alles meinem Ich!
Achte nicht des andern Schalles,
sorge nur allein für mich!
Freundschaft fleht: Die besten Gaben
spende meinem Biederfreund!
Ich will lieber selbst nichts haben,
wird nur ihm kein Wunsch verneint.
Liebe spricht: Was mir auch fehle,
das entbehr ich mit Geduld;
doch zu meiner zweiten Seele
neige dich mit Segenshuld!
Und wir andern alle bitten:
Sei der ganzen Erdenschar
in Palästen und in Hütten
ein erwünschtes Friedensjahr!

August Friedrich Ernst Langbein

Dreikönigstag

Am 6. Januar ist das Dreikönigsfest. Es ist der Schlußstein im Mosaik der ernsten Winterfeste. Danach beginnt die Zeit der fröhlichen Schelme und Narren. Ganz so ernst und feierlich freilich meinen es die drei weisen Könige auch nicht mehr. Wo sich drei Kinder zusammentun und verkleiden, kommen sie königlich daher: Sie pochen als Sternsinger an jede Tür! Wir tun ihnen auf und hören ihren Spruch oder ein altes Dreikönigslied.
Als Belohnung erhalten Kaspar, Melchior und Balthasar eine süße Gabe oder ein Geldgeschenk. In unserer Zeit des Wohlstands betteln die Buben und Mädchen nicht mehr für sich selber, sondern für die armen Kinder in den Hungerländern der dritten Welt.
Außerdem repräsentieren sie in ihrer Herrlichkeit die drei im Altertum bekannten Erdteile Afrika, Asien und Europa. Das soll bedeuten: Aus allen Erdteilen dieser Welt sind die Mächtigen einst herbeigekommen, um das Jesuskind in seiner armseligen Krippe anzubeten. Fünf Tage nach Neujahr sind sie heute wieder unterwegs; und wenn sie klopfen, so werde ihnen aufgetan!

Epiphaniasfest

1. *König:*
Die Heil'gen Drei König' mit ihrem Stern,
sie essen, sie trinken und bezahlen nicht gern;
sie essen gern, sie trinken gern,
sie essen, trinken und bezahlen nicht gern.

2. *König:*
Die Heil'gen Drei König' sind kommen allhier.
Es sind ihrer drei und sind nicht ihrer vier;
und wenn zu dreien der vierte wär,
so wär ein Heil'ger Drei König mehr.

1. *König:*
Ich erster bin der weiß und auch der schön,
bei Tage solltet ihr erst mich sehn!
Doch ach, mit allen Spezerein
werd ich mein Tag kein Mädchen erfrein.

2. *König:*
Ich aber bin der braun und bin der lang,
bekannt bei Weibern wohl und bei Gesang.
Ich bringe Gold statt Spezerein,
da werd ich überall willkommen sein.

3. *König:*
Ich endlich bin der schwarz und bin der klein
und mag wohl einmal richtig lustig sein.
Ich esse gern, ich trinke gern.
Ich esse, trinke und bedanke mich gern.

1. König:
Die Heil'gen Drei König' sind wohlgesinnt.
Sie suchen die Mutter und das Kind.
Der Joseph fromm sitzt auch dabei,
der Ochs und Esel liegen auf der Streu.

2. König:
Wir bringen Myrrhen, wir bringen Gold.
Dem Weihrauch sind die Damen hold;
und haben wir Wein von gutem Gewächs,
so trinken wir drei so gut als ihrer sechs.

3. König:
Da wir nun hier schöne Herren und Fraun,
aber keine Ochsen und Esel schaun,
so sind wir nicht am rechten Ort
und ziehn unseres Weges weiter fort.

Johann Wolfgang von Goethe

Was die Sternsinger sagen

1. Bub:
Ich bin der König von Mohrenland,
die Sonne hat mich schwarz gebrannt.

2. Bub:
Ich bin der König von Griechenland,
die Sonne hat mich rot gebrannt.

3. Bub:
Ich bin der König von Arabien,
was wollt ihr von mir habien?

1. Bub:
Gott gab uns in den Sinn,
Jesus zu besuchen.

2. Bub:
Wir zogen durch viele Länder fern.

3. Bub:
Wir fanden ihn durch einen Stern!

1. Bub:
Ich gab ihm Silber.

2. Bub:
Ich gab ihm Weihrauch und Myrrhe.

3. Bub:
Ich gab ihm Gold.

Alle drei:
So bleibt uns Jesus immer hold.

Volksgut aus Preußen

Die Heil'gen Drei Könige

Die Heil'gen Drei Könige aus Morgenland,
sie fragten in jedem Städtchen:
„Wo geht der Weg nach Bethlehem,
ihr lieben Buben und Mädchen?"
Die Jungen und Alten, sie wußten's nicht,
die Könige zogen weiter;
sie folgten einem goldenen Stern,
der leuchtete lieblich und heiter.
Der Stern blieb stehn über Josephs Haus,
da sind sie hineingegangen;
das Öchslein brüllte, das Kindlein schrie,
die Heil'gen Drei Könige sangen.

Heinrich Heine

Die Heiligen Drei Könige heute

Die Heiligen Drei Könige aus Morgenland,
sie sind durch die Wüste gezogen.
Wenn heute ein König zum Christkindchen käme,
er wäre im Jumbo geflogen.
Er brächte ihm sicher ein Aktienpaket
und einen Supersportwagen.
Die Heiligen Drei Könige aus Morgenland
haben Myrrhen und Weihrauch getragen.
Sie waren Freunde, die sich verstehen,
und ein Schwarzer war auch dabei.
Sie machten, weil einer ganz anders war,
kein Aufsehen und kein Geschrei.
Sie kannten nicht Bomben und Atom,
und sie flogen auch noch nicht zum Mond.
Sie folgten nur einem goldenen Stern,
der über der Hütte gethront.
Wenn heute ein Staatsmann zum Christkindchen käme,
er wäre im Flugzeug geflogen.
Die Heiligen Drei Könige aus Morgenland
sind durch die Wüste gezogen ...

*Drei kleine Könige sammeln
Geld für die armen Kinder
dieser Welt*

Melchior:
Heute zum Dreikönigstag
kommen die drei weisen
Könige in voller Pracht,
etwas loszueisen.

Balthasar:
Für die armen Kinder all'
in der dritten Welt
sammeln wir auf jeden Fall
etwas bares Geld.

Kaspar (im Mohrengewand):
Wenn ihr uns was geben wollt,
ohne gleich zu fluchen,
nehmen wir zum Geld und Gold
auch gern etwas Kuchen.

Melchior:
Süße Kuchen schmecken schön
nach der langen Reise.

Balthasar:
Doch bevor wir weitergehn,
hört die alte Weise!

Kaspar:
Auch wenn Hund und Katze flieht:
Hört es, das Dreikönigslied!

> (Die drei kleinen Könige singen ein
> überliefertes Dreikönigslied;
> evtl. nur die erste Strophe.)

Dreikönigslied

Wir kommen daher ohne allen Spott,
einen schönen guten Abend geb euch Gott.
Einen schönen guten Abend, eine fröhliche Zeit,
die uns der Herr Christus hat bereit'.
Wir kommen daher, von Gott gesandt,
mit diesem Stern aus Morgenland.
Wir zogen daher in schneller Eil',
in dreißig Tagen vierhundert Meil'.
Wir kamen vor Herodes' Haus,
Herodes schaut zum Fenster heraus:
Ihr lieben drei Weisen, wo wollt ihr hin?
Nach Bethlehem steht unser Sinn.
Nach Bethlehem in Davids Stadt,
allwo der Herr geboren ward.
Ihr lieben Weisen, bleibt heute bei mir,
ich will euch geben ein gutes Quartier.
Ich will euch geben Heu und Streu
und will euch halten in Zehrung frei.
Ach, falscher Herodes, das kann nicht geschehen,
wir müssen den Tag noch weitergehen.
Wir zogen miteinander den Berg hinaus,
wir sahen, der Stern stand über dem Haus.
Wir zogen miteinander das Tal hinein
und fanden das Kind im Krippelein.
Wir fanden das Kind, war nackend und bloß.
Maria nahm's auf ihren Schoß.
Und Joseph zog sein Hemdlein aus,
gab's Maria, die machte Windeln draus.
Wir taten unsere Schätze auf
und schenkten dem Kind Gold und Weihrauch.
Gold, Weiherauch und Myrrhen fein;
das Kind soll unser König sein!

Nach Empfang einer Gabe:
Ihr habt uns eine Belohnung gegeben,
der liebe Gott laß euch in Frieden leben!
Wir können jetzt nicht länger bleiben,
der Stern soll uns noch weiterleuchten.

Volksgut

*Am Dreikönigstag
aufzusagen*

Auf der Piste
durch die Wüste
zogen weise Männer.
Es waren schlaue,
alte, graue
Könige und Kenner,
die nie fluchten,
denn sie suchten
nach dem neuen König.
Nach dem Sterne
in der Ferne
schauten sie nicht wenig.
Endlich fanden
die Gesandten
dort im Stall den Herrn.
Dazu grüße
ich und küsse
heut mein Liebstes gern!

Dreikönigskarte

Die Heiligen Drei Könige
folgten dem Stern.
Ich folge dir
von Herzen gern
und sende dir
heut Gruß und Kuß,
ich, dein geliebter (Filius)!

Der einzige Bub gratuliert

Wären wir drei Buben,
wünschten wir nicht wenig.
Ich bin jedoch euer einziges Kind,
kein heiliger Dreikönig!
Trotzdem: Mein Wunsch aus weiter Fern'
gilt euch zu diesem Feste.
Behaltet mich lieb! Sonst – habt mich gern.
Ich wünsche das Allerbeste!

Dreikönigskuchen für dich

Aus dem Königskuchen
sollst du Mandeln suchen.
Findest du die ganze Mandel,
laß dich ein auf diesen Handel:
Dann sei meine Königin
von heute bis Silvester hin!

*Sprüche für Dreikönigskinder,
die Gaben einsammeln*

Ich bin der kleine Pumpernick
und hab einen großen Sack,
und weil ich nichts darinnen hab,
drum bitt ich um eine Gab'!

Aus Süddeutschland

Es kommen die drei Könige mit ihrem Stern.
Sie krachen die Nüsse und essen den Kern.
Sie werfen die Schalen zum Fenster hinaus,
dann kommen die Hühner und picken sie aus.

Aus Thüringen

*Danksagung der
Heiligen Drei Könige*

Wir danken euch für eure Gaben,
die wir von euch empfangen haben.
Der liebe Gott behüte
das kleine Kind in der Wiege.
Nun legt euch ruhig schlafen.
Wir ziehen unsre Straßen!

Aus Bayern

FASTNACHT – FASCHING – KARNEVAL

Wie man sie auch nennt, die Zeit der Fastnacht, des Faschings oder des Karnevals: Es sind die Tage und Wochen der Schelme und der Narren. Die strengste Kälte des Winters ist vorüber; aber die ersten Frühlingsboten haben sich noch nicht gemeldet. Dies sind auch die Abende und Nächte der „fünften Jahreszeit". Die Welt steht auf dem Kopf, und das schon seit dem Altertum: Der Sklave durfte da für eine kurze Zeitspanne dem Herrn befehlen; und die hohen Herren mußten sich ihren Sklaven unterwerfen und sie bedienen.
Auch wir modernen Menschen legen im Fasching oder Karneval unser Alltagskleid ab und schlüpfen in eine Verkleidung. Für die wenigen Stunden eines Faschingsballes spielen wir die Rolle, die wir uns selbst auf den Leib geschneidert und die wir im wirklichen Leben nie erreicht haben.
Seien es auch nur freundliche Einladungen zum Narrentreiben, Prologe zu Festen und Schelmensitzungen, Grußbotschaften an die Gemeinschaft der Schälke und Schlawiner: Um mit passendem Reimgeklingel zu brillieren, gibt es an närrischen Nachmittagen und albernen Abenden immer wieder Gelegenheit!

Einladung zum Karneval

Wir laden ein zum Maskenball
mit Tollheit, Jux und Propfenknall,
es braust ein Ruf „wie Donnerhall":
Seid närrisch, liebe Leute,
denn Karneval ist heute!
Zum großen Ball im (Bürger-)Saal
erscheinen Masken ohne Zahl,
einmal im Jahr ist Karneval.
Kommt alle zum Balle, Leute,
denn Karneval ist heute!
Musik, Tanz, Witz und Pritschenschlag.
Es komme, wer da kommen mag,
heut ist der Narren Freudentag.
Wir feiern närrisch, Leute,
denn Ka-Ka-Karneval ist – hicks! – heute.

*Ansprache des Prinzen
an sein Volk*

Kinder, seid nicht müd und faul
wie ein alter Schindergaul,
keine trübe Tassen,
wenn die Narren prassen,
das wär nicht zu fassen!
Leute, seid heut meine Gäste
bei dem schönen Faschingsfeste.
Die Trompeten blasen,
wilde Narren rasen
wie verrückte Hasen.
Narren, hört auf mein Kommando,
keiner als Prinz Fasching kann so
närrisch aus der Bütt noch
hier bis Aschermittwoch
herrschen! – Eine Bitt' noch:
Schelme, seid nicht träg und dumm,
hört von diesem Podium:
Unsere Welt ist bunter
als ihr denkt mitunter;
seid vergnügt und munter!
Helau!

Fastnacht – Fasching – Karneval

Der Faschingsballansager

Ich war in Nicaragua,
und ich bin kein Betrüger:
Dort lernt' ich einen Menschen kennen,
der war Bananenbieger.
Bananen wachsen schlank und grad'
fast überall auf Erden;
vor dem Verkauf, da müssen sie
zurechtgebogen werden.
Ich war auch fern in der Türkei,
wo's keine schnellen Brüter
und kein Atom gibt: Auf dem Dorf
war nur ein Bienenhüter.
Er ließ dort früh die Bienen aus,
im Land der Anatolen,
und abends jagt' er sie nach Haus,
wie man es ihm befohlen.
Ich kam ins Städtchen Überall,
da war kein Schornsteinfeger,
doch jedes Jahr im Karneval
gab's einen Schneeschaumschläger.
Den Schaum zu schlagen, habe ich
mit jenem Mann geübt.
Drum bin ich, mein ich, sicherlich
als Schaumschläger beliebt.
Und weil nun wieder Fastnacht ist,
und damit Karneval,
wünsch ich euch eine frohe Zeit
voll Jubel, Trubel, Heiterkeit
heut nacht auf unserem Ball!

Schöne Augen

Mein Freund hat schöne Augen;
das linke Aug' ist braun;
das rechte Aug' hingegen
ist bläulich anzuschaun.
Ich dachte vorher immer,
sie wären beide gleich;
doch leider, dieser Irrtum
gehört ins Fabelreich.
Eins schöner als das andre?
Das möchte ich nicht sagen.
Sie sehen beide blendend aus,
drum mußte ich ihn fragen.
Wie konnte das geschehen,
wie kann denn sowas sein?
Die Lösung dieses Rätsels
weiß nur mein Freund allein:
Auf einem Ball im Fasching,
man konnt's im Tagblatt lesen,
ist neulich Remmidemmi
mit Schlägerei gewesen.
Beim Raufen wurd' ganz plötzlich
bei meinem Freund, ich glaube,
aus einem sanften braunen,
ein lilablaues Auge.
So kam's zu der Verwandlung
mit ärztlicher Behandlung!

Ihr, die ihr hier versammelt
beim frohen Fastnachtstreiben,
euch wünsche ich mit heiterem Sinn,
daß eure Äuglein weiterhin
beide einfarbig bleiben!

Fastnacht der Tiere

„Fastnacht feiern wir!"
brüllt der Stier.
„Wir wollen lustig sein!"
grunzt das Schwein.
„Wir wollen trinken!"
zwitschern die Finken.
„Ein ganzes Faß!"
murmelt der Has'.
„Wir wollen tanzen!"
rufen die Wanzen.
„Wie ziehen wir uns an?"
fragt der Schwan.
„Als Frau und Mann!"
kräht der Hahn.
„Ich gehe als Schäfer!"
brummt der Käfer.
„Und ich als Musikant!"
dröhnt der Elefant.
„Ich gehe als Frau!"
krächzt der Pfau.
„Und ich als Graf!"
blökt das Schaf.
„Wann beginnt der Ball?"
flötet die Nachtigall.
„Um die neunte Stund'!"
bellt der Hund.
„Wann gehn wir nach Haus?"
pfeift die Maus.
„Wenn der Wein getrunken!"
quaken die Unken.
„Auf zum Fastnachtsball!"
brüllen, grunzen, zwitschern, murmeln,

rufen, krähen, brummen, dröhnen,
krächzen, blöken, flöten, bellen,
pfeifen, quaken mit lautem Schall
die Tiere all.
Und wir Menschen? – Nach altem Brauch
brüllen, grölen, singen und tanzen
wir heute auch!

Volksgut.

Spruch für einen Fastnachtsreiter

Ich bin ein armer Fastnachtsreiter.
Ich hab einen Schimmel, der kann nicht mehr weiter.
Er hat keine Nase, er hat kein Maul,
er ist halt ein armer Schindergaul.

Aus Süddeutschland
(Das um Faschingskrapfen bettelnde Kind
kommt auf einem Besen geritten.)

Fastnacht – Fasching – Karneval

Karneval der Mäuselchen

Beim Karneval der Mäuselchen
sind alle aus dem Häuselchen.
Da gibt es ein Getrippelchen,
ein Tippeln und Gewippelchen
beim frohen Tanz der Kleinchen,
im Keller soll es seinchen.
Dort zwischen den Kartöffelchen
und Kohlen tanzen Stöffelchen,
dort flattern bunte Bändelchen
und Schleifelchen, Girländelchen.
Dort sind sie aus dem Häuselchen,
die närrischsten der Mäuselchen.
Du mußt, willst du sie sehen,
nachts in den Keller gehen.
Dann hörst du das Gewisperchen,
Getuschel und Geknisperchen.
Du findest das nicht nettchen?
Dann bleib in deinem Bettchen.
Doch liebst du wie die Mäuselchen
in ihren dunklen Häuselchen,
mit ihren langen Schwänzelchen
ein fröhliches Getänzelchen,
geh nicht zum Federball:
Komm mit zum Karneval!

Prüfung in der Narrenschule

Narrenprofessor:
Ich stelle dir heute ein paar Prüfungsfragen für die Aufnahme in die Narrenschule. Also höre gut zu:
Weißt du, Hansnarr, in welcher Jahreszeit wir die Fastnacht feiern?
Hansnarr (der Prüfling):
Weiß ich nicht!
Narrenprofessor:
Nun, gut. Hast du denn schon einmal etwas vom Fasching gehört; kannst du mir sagen, was dieses Wort bedeutet?
Hansnarr:
Keine Ahnung!
Narrenprofessor:
Dann ist dir auch nicht die Bedeutung des Rosenmontags bekannt?
Hansnarr:
Nie davon gehört.
Narrenprofessor:
Und der Aschermittwoch ist dir auch kein Begriff?
Hansnarr:
Völlig unbekannt.
Narrenprofessor:
Sehr gut. Welchen Tag also haben wir heute?
Hansnarr:
Frag mich was Leichteres!
Narrenprofessor:
Okay, du hast die Prüfung bestanden! Was sagst du nun?
Hansnarr:
Ich wünsche allen Narren im Saal ...
Narrenprofessor:
Närrinnen und Narren!

Hansnarr:
Was? Na, ja. Wenn du meinst: Allen Närrinnen und Narren im Saal eine vergnügte, närrische Ballnacht!
Narrenprofessor:
Danke. Helau!

Der Clown wird angekündigt

Pitschepatsche, pitschepatsche
für den alten Mann mit Glatze;
große Schuhe und Zylinder,
ei, das ist was für euch, Kinder!
Rote Nase, ganz aus Pappe,
eine riesengroße Klappe,
weiß geschminkt ist sein Gesicht,
frech und scharf ist, was er spricht.
Wenn es Fasching ist im Lande
sieht man eine ganze Bande
voller Schalk und Tollerein.
Oftmals soll er einsam sein.
Sehr beliebt ist der Kollege.
Seine Welt ist die Manege.
Kennt ihr einen solchen Flegel,
immer lustig, lieb und kregel?
Guckt, hier könnt ihr einen schaun:
Seht ihn an – es ist ein Clown!

Einladung zum Rosenmontag

R udi ist ein Märchenprinz,
O tto geht als Kater.
S eht nur Knut, den Rittersmann,
E cht wie im Theater!
N un, was ist denn heute los,
M acht es dir nicht Freude;
O der bist du einfach baff?
N arren, Schelmenleute
T ollen hier von früh bis spat,
A lles tanzt, was Beine hat:
G ecken herrschen in der Stadt!

Wenn Du Lust hast, wenn's dir paßt,
sei an diesem Tag mein Gast!

Bettellieder zur Fastnacht

Fastelabend kommt heran,
komm und laß dich grüßen.
Hier ein Stuhl und da ein Stuhl,
auf jedem Stuhl ein Kissen
und da die Mettwurst zwischen!
Hier wohnt ein reicher Mann,
der uns wohl was geben kann.
Vieles kann er geben.
Lange soll er leben
von diesem Jahr aufs andre Jahr!

Vom Niederrhein

Fastelabend ist hier.
Zwei Groschen zu Bier,
ein Stückchen Speck,
dann gehe ich wieder weg.
Ein Endchen Wurst,
denn ich bin ein guter Bursch',
ich reise die ganze Stadt damit durch.
Einen Teller Grütze
nehm ich in meine Mütze,
eine Schüssel Mehl,
dann komme ich das andere Jahr nicht wieder her.

Aus Preußen

Zamper Zamper Donnerstag,
morgen ist der Freitag!
Ich steh auf einem Steinchen
und frier an meinen Beinchen.
Laßt mich nicht so lange stehn,
ich muß ein Häuschen weitergehn.
Eier in den Ranzen,
Bier in die Flasche,
blanke Pfennige in die Tasche.
Frau Wirtin, bitte, teilen Sie aus,
dann geh ich fort von Ihrem Haus.
Geben Sie mir ein Stückchen Speck,
so springe ich von eurer Türschwelle weg.

Aus der Niederlausitz

Im Konfettiregen

Es pfeift der Wind. Konfettiregen.
Seeräuber kommen dir entgegen.
Schneewittchen sitzt die Krone schief,
wer wohl die vielen Narren rief?
Ein algengrüner Wassermann
glotzt dich mit großen Augen an.
Die Königin der Ballsaison
winkt hoheitsvoll vom Marktbalkon.
Die Cowboykinder sind dabei,
sie schießen sich die Straße frei.
Musik erdröhnt: tanzt rascher, rascher!
Ab Mitternacht ist Mittwoch, Ascher-.

(Am Faschingsdienstag von einem nachdenklich-
lustigen Clown zu Gehör zu bringen.)

Fasching ist vorüber

Ri-ra-rum,
der Fasching ist um!
Die Vögel und die Blumen,
die wollen wiederkommen.
Ri-ra-rum,
der Fasching ist herum.

Kinderreim

VALENTINSTAG

Über die Identität des heiligen Bischofs Valentin weiß man nicht mehr viel. Er wäre wohl nicht heilig gesprochen worden, wenn er nicht um seines Glaubens willen den Märtyrertod gestorben wäre. Mit der Liebe allerdings hatte er nur wenig oder überhaupt nichts im Sinn. Trotzdem wurde er der Schutzheilige der Verliebten, und man verehrt ihn nachweislich schon seit dem fünften Jahrhundert nach Christus; zuerst in Rom, dann in den angelsächsischen Ländern und in Frankreich.
Englische und amerikanische Besatzungsoldaten waren wohl die ersten, die nach dem zweiten Weltkrieg ihre Bräute und „Fräuleins" am 14. Februar mit einem Blumenstrauß, mit Schokolade oder einem anderen kleinen Geschenk überraschten. Inzwischen hat der Blumenhandel diese umsatzfördernde Chance genutzt, und durch Reklame und Mundpropaganda ist auch bei uns der Valentinstag das geworden, was er in angelsächsischen Ländern schon seit Menschengedenken ist: ein Tag der kleinen Präsente und Kartengrüße, witzig und kitschig! In allen Brieflein und Aufmerksamkeiten wird die Liebe beschworen, ernsthaft und auch augenzwinkernd; für Schüchterne und Gehemmte sogar eine einmalige Gelegenheit, sich dem Traum aller schlaflosen Nächte schonungslos zu offenbaren!

Sonniger Kartengruß

Stets, wenn du dir denkst,
die Last sei zu schwer,
dann hol dir vom Himmel
einen Sonnenstrahl her.
Die Strahlen vergolden
die dunkelsten Tage,
erhellen dein Herz
und vermindern die Plage.
Und wenn grad kein Strahl
durch die Wolken bricht,
dann lächle – und glaub mir:
Es strahlt dein Gesicht!

Am 14. Februar

Valentin im Sonnenschein!
Kann's noch wunderschöner sein?
Valentin im Schneegestöber
kommt uns härter zwar und gröber,
doch das macht mir gar nichts aus.
Ich hab Sonnenschein im Haus:
Mein Vielliebchen, brav und fein,
soll der Sonnenschein mir sein.
Einen Kuß nach altem Brauch,
und der Himmel strahlt uns auch!

Meine Bitte

Lieber, heiliger Valentin,
wandle meines Liebchens Sinn.
Laß es nicht so spröde sein;
schick ihm warmen Sonnenschein,
daß sein kaltes Herz auftaut,
daß es mich verliebt anschaut,
daß vorbei sind meine Leiden
und ich leben kann in Freuden,
weil auch ich ein Liebchen hab,
herzig treu bis an das Grab.
Lieber, guter, heiliger Mann,
höre meine Bitte an:
Rühre meines Liebchens Herz,
und vorbei ist all mein Schmerz!

Viele Grüße zu Valentin

Ich bin nicht in Berlin daheim,
doch ich schreibe um den Reim:
Viele Grüße aus Berlin
heut zum heiligen Valentin!
Wer ich bin und wo ich her,
weißt du, glaub ich, ganz sicher!

Lebe sorglos wie der Scheich

Lebe froh und lebe glücklich
wie ein Prinz, so ist's erquicklich.
Lebe sorglos wie ein Scheich
in der Wüste, jung und reich.
Lebe auch, mein lieber Bengel,
ohne Sünde wie ein Engel,
meide Spiel und Alkohol,
und dir geht's im Leben wohl.
Liebe brauchst du nicht zu meiden!
Eine gibt's, die mag dich leiden.
Ob du arm bist oder reich:
Sie mag dich! Du bist ihr Scheich.

*Verzeihung
durch
St. Valentin*

Ich hab mich
blöde angestellt.
Doch bin ich ja
nicht aus der Welt,
und du verzeihst
mir sicher, gelt?

Mit einem Strauß Weidenkätzchen

Meine kleinen Weidenkätzchen
sagen nicht „miau";
kuschelig-zart sind diese Schätzchen,
schimmernd silbergrau.
Meine kleinen Weidenkätzchen
haben ein Silberfellchen.
Kriegt ihrs allerschönste Plätzchen,
duftige Gesellchen?
Meine kleinen Weidenkätzchen
bring ich dir ins Haus;
für mein allerliebstes Schätzchen
sind sie. Pack sie aus!
Stell sie auf das schönste Plätzchen,
es sind keine Kratzer.
Du, mein allerliebstes Schätzchen,
komm zu einem Schmatz her!

Mit einem Zuckerherzerl

Heute wünsche ich dir,
was Liebe wünschen kann:
Sei glücklich! – nimm von mir
mein Herz voll Liebe an!

                      Volkstümlich

Dein Valentin

Hat es auch bei dir gefunkt?
Ich, dein treuester Adjunkt,
melde heut dir, wer ich bin:
Dein geliebter Valentin!

Der schönen Nachbarin

Oh, Valentin, oh, Valentin,
was meißelst du in Marmor hin:
Mit Schmerz beginnt der Lebenslauf;
mit Rheumatismus hört er auf;
das Alter hat das schwache Herz,
die Jugend hat den Liebesschmerz!
Nur meine schöne Nachbarin
merkt's gar nicht, wie verliebt ich bin ...

Immer zu dir!

Zu dir ziehts mi hin,
wo i geh und wo i bin;
hab kei Rast und hab kei Ruh,
bin a trauriger Bua.
Wenn i Wölkerl au bitt:
„Nehmts mi auf, nehmts mi mit",
fliegens fort mit em Wind
und lassen traurig mi dahint!

Und i weiß no wie heut,
's hat der Mond so schön gscheint,
bist no gsesse bei mir,
eh i fort bin von dir:
Hast mi druckt bei der Hand,
hast mer naus zeigt ins Land,
hast dei Köpferl an mei gloint,
und hast so bitterli gwoint.
„Bhüt di Gott, lieber Bua,
hast mer gnomma all mei Ruh;
was d'mi alles bist gwest,
sag i dir erst, wenn du gehst."
Wies mer das hot gsagt,
hots mei Herzerl gwaltig packt,
han i d'Augerl zudruckt
und han die Träne verschluckt.
Bin gar weit umme grennt
in der Welt ohne End;
han di gsucht her und hin,
find kei Dirndl meh wie di!
Jedem Baum han is gsagt,
jeden Bach han i gfragt:
Wies der geht und wies der is
und ob du denkst no an mi gwiß.

        Volkstümlich aus Süddeutschland

I han de so lieb

Die Kirsche sind zeitig,
die Kirsche sind gut,
und wenns Mädle vorbeigeht,
so luft mers den Hut.
Wenn i wisperl, wenn i schrei
und du hörst me net glei,
so muß i verstehn,
daß i weiter soll gehn.
Und wenn i ders zehnmal sag,
daß i di lieb,
und du gibst mir koi Antwort,
so wird mers ganz trüb.

Volksgut

Zum Nachahmen empfohlen

Es muß was Wunderbares sein
ums Lieben zweier Seelen!
Sich schließen ganz einander ein,
sich nie ein Wort verhehlen!
Und Freud' und Leid, und Glück und Not
so miteinander tragen!
Vom ersten Kuß bis in den Tod
sich nur von Liebe sagen!

Oskar von Redwitz

Dialog

Mein Herz, ich will dich fragen:
Was ist denn Liebe, sag!
Zwei Seelen und ein Gedanke,
zwei Herzen und ein Schlag!
Und sprich, woher kommt Liebe?
Sie kommt, und sie ist da!
Und sprich, wie schwindet Liebe?
Die war's nicht, der's geschah!
Und wann ist Lieb' am reinsten?
Die ihrer selbst vergißt.
Und wann ist Lieb' am tiefsten?
Wenn sie am stillsten ist.
Und wann ist Lieb' am reichsten?
Das ist sie, wenn sie gibt!
Und sprich, wie redet Liebe?
Sie redet nicht, sie liebt.

                        Friedrich Halm

Darf ich hoffen?

Ich habe Sie sehr lieb gewonnen,
bin gerne in Ihr Haus gekommen,
möcht' gern in Ihrem Herzen wohnen,
mit ewiger Treue Sie belohnen.
Oh, lassen Sie – darf ich wohl hoffen? –
die Tür zum Herzen ein Stück offen!

Mein Vorsatz

Ich will's dir nimmer sagen,
wie ich so lieb dich hab,
im Herzen will ich's tragen,
will stumm sein wie das Grab.
Kein Lied soll's dir gestehen,
soll flehen um mein Glück;
du selber sollst es sehen,
du selbst – in meinem Blick.
Und kannst du es nicht lesen,
was dort so zärtlich spricht,
so ist's ein Traum gewesen:
dem Träumer zürne nicht!

Robert Prutz

Das Rätsel des Lebens

Du fragst mich unter heißen Küssen,
warum wir leben, lieben müssen,
warum so früh die Locke bleicht?
O ahn es jetzt in süßem Beben:
ein schweres Rätsel ist das Leben,
allein die Liebe löst es leicht!

Rudolf von Gottschall

Ich kann dich nie vergessen

Wie könnt' ich dein vergessen!
Dein denk ich allezeit.
Ich bin mit dir verbunden,
mit dir in Freud' und Leid.
Ich will für dich im Kampfe stehen,
und sollte es sein, mit dir vergehen.
Wie könnt' ich dein vergessen!
Dein denk ich allezeit.
Wie könnt' ich dein vergessen!
Ich weiß, was du mir bist,
solang ein Hauch von Liebe
und Leben in mir ist.
Ich suchte nichts, als dich allein,
als deiner Liebe wert zu sein.
Wie könnt' ich dein vergessen!
Ich weiß, was du mir bist.

August Heinrich Hoffmann
von Fallersleben

Vergißmeinnicht
zum Valentin

Vergiß doch nie den Buben,
der's ehrlich mit dir meint,
der zu dir hält im Sturmwind,
und wenn die Sonne scheint!

Liebesfreud'

Das Lieben bringt groß Freud',
das wissen alle Leut'!
Weiß mir ein schönes Schätzelein
mit zwei schwarzbraunen Äugelein,
die mir das Herz erfreut.
Ein Brieflein schrieb sie mir,
ich soll treu bleiben ihr;
drauf schickt ich ihr ein Sträußelein.
Schön Rosmarin, braunes Nägelein,
sie soll mein eigen sein.
Mein eigen soll sie sein,
kein'm andern mehr als mein.
So leben wir in Freud und Leid,
bis uns Gott der Herr auseinanderscheidt;
ade, mein Schatz, ade!

                                       Aus Schwaben

Zum Valentinstag

Immer und ewig
liebe ich dich.
Ewig und immer
zögerte ich.
Es dir zu sagen
traut' ich mich nicht.
Nun schick ich heute
dir dieses Gedicht!

Wär' ich ein Vöglein

Wenn ich ein Vöglein wär'
und auch zwei Flügel hätt',
flög' ich zu dir;
weil's aber nicht kann sein,
bleib ich allhier.
Bin ich gleich weit von dir,
bin ich doch im Schlaf bei dir
und red mit dir.
Wenn ich erwachen tu,
bin ich allein.
Es vergeht keine Stund' in der Nacht,
da nicht mein Herz erwacht
und an dich denkt,
daß du mir vieltausendmal
dein Herz geschenkt.

Volkslied

Total verrückt nach dir

Deine Augen, deine Locken
haben mich verrückt gemacht.
Fast blieb mir der Atem stocken,
was hast du mit mir gemacht?
Komm, beende meine Qual:
Sei gegrüßt vieltausendmal;
und du weißt auch, wer es ist,
der dich in Gedanken küßt!

Hab dich von Herzen lieb

Ach, wie ist's möglich dann,
daß ich dich lassen kann!
Hab dich von Herzen lieb,
das glaube mir.
Du hast die Seele mein
so ganz genommen ein,
daß ich kein' andre lieb
als dich allein.
Blau ist ein Blümelein,
das heißt Vergißnichtmein;
dies Blümlein leg ans Herz
und denke mein!
Stirbt Blum' und Hoffnung gleich,
wir sind an Liebe reich,
denn die stirbt nie bei mir,
das glaube mir!
Wär' ich ein Vögelein,
bald wollt' ich bei dir sein,
scheut' Falk' und Habicht nicht,
flög' schnell zu dir.
Schöß' mich ein Jäger tot,
fiel' ich in deinen Schoß,
sähst du mich traurig an,
gern stürb' ich dann.

       Volkslied

Drei freundliche Sterne

Es blinken drei freundliche Sterne
ins Dunkel des Lebens hinein,
die Sterne sie funkeln so traulich,
sie heißen Lied, Liebe und Wein.
Es lebt in der Stimme des Liedes
ein treues, mitfühlendes Herz,
im Liede verjüngt sich die Freude,
im Liede verwehet der Schmerz.
Der Wein ist die Stimme des Liedes
zum freundlichen Wunder gesellt
und malt sich mit glühenden Strahlen
zum ewigen Frühling der Welt.
Doch schimmert mit freudigem Winken
der dritte Stern erst herein,
dann klingt's in der Seele wie Lieder,
dann glüht es im Herzen wie Wein.
Und Wein und Lieder und Liebe,
sie schmücken die festliche Nacht;
drum leb, wer das Küssen und Lieben
und trinken und Singen erdacht!

Theodor Körner

An Ännchen

Ännchen von Tharau ist, die mir gefällt,
sie ist mein Leben, mein Gut und mein Geld.
Ännchen von Tharau hat wieder ihr Herz
auf mich gerichtet in Lieb' und in Schmerz.
Ännchen von Tharau, mein Reichtum, mein Gut,
du meine Seele, mein Fleisch und mein Blut!
Käm' alles Wetter gleich auf uns zu schlahn,
wir sind gesinnt, beieinander zu stahn.
Krankheit, Verfolgung, Betrübnis und Pein
soll unsrer Liebe Verknotigung sein.
Ännchen von Tharau, mein Reichtum, mein Gut,
du meine Seele, mein Fleisch und mein Blut!
Recht als ein Palmenbaum über sich steigt,
hat ihn erst Regen und Sturmwind gebeugt:
So wird die Lieb' in uns mächtig und groß
nach manchem Leiden und traurigem Los.
Ännchen von Tharau, mein Reichtum, mein Gut,
du meine Seele, mein Fleisch und mein Blut!
Würdest du gleich einmal von mir getrennt,
lebtest da, wo man die Sonne kaum kennt:
Ich will dir folgen durch Wälder, durch Meer,
Eisen und Kerker und feindliches Heer.
Ännchen von Tharau, mein Licht, meine Sonn'!
Mein Leben schließt sich um deines herum.

Simon Dach

*Versöhnungsversuch
zum Valentin*

Mein Herz ist so traurig,
ich weiß nicht, um was.
Bist Liebchen mir böse?
Wie bitter wär' das!
Nein, wolle nicht weiter
mir schmollen mehr,
und reich mir dein kleines
Patschhändchen her.
Denn willst du nicht freundlich
mehr mit mir tun,
so kann ich ja nimmermehr
rasten und ruhn.

von Krahnen

Bitte um eine Telefonnummer

Du hast seit langem ein Telefon,
und ich weiß nichts davon.
Du machtest bisher ein Geheimnis draus,
daß ich dich nicht anrufen durfte zu Haus.
Doch wenn du mich ein bißchen liebst,
bin ich sicher, daß du deine Nummer mir gibst.
Ein wunderbares, nettes Geklön'
am Telefon ist doch ehrlich schön,
denn wie schon der Psalmist in der Bibel spricht:
„Wenn ich dich anrufe, erhörst du mich!"

Frühlingsfeste

Dem kommenden Frühling ein ganzes Kapitel in diesem Buch widmen? "Warum denn das?" wird mancher fragen.
Wir können es heute nur noch schwer nachvollziehen, welche Freude es für unsere Vorfahren war, wenn der Winter dahinging und der Frühling ins Land zog. In unseren ferngeheizten Wohnungen quält uns der Winter nicht mehr gar so arg. Aber wenn die Tage heller und wärmer werden, heißt es: Hurra! Der Lenz ist da.
Die Macht des strengen Winters ist gebrochen. Jetzt ist es nicht mehr schwer, den alten, einfältigen Mann, der so viel Böses tat und Unheil über die Welt brachte, ganz einfach zu verjagen. Wir tun es ohne Gnade. Er ist mit einem gestürzten Diktator vergleichbar: Seine Kräfte haben ihn verlassen; sein Machtapparat funktioniert nicht mehr! Da ist es ein Kinderspiel, ihm mit einem Strohfeuer gründlich einzuheizen. Wir wissen genau: Sein Alter und das wärmende Feuer der Freiheit sind sein Tod. Da beginnt sein starrer Eispanzer im Nu zu schmelzen. Ein Gruß zum Frühlingsbeginn an unsere Lieben oder Liebsten, wer will es uns verbieten?

Sehnsucht nach dem Frühling

O wie ist es kalt geworden
und so traurig, öd und leer!
Rauhe Winde wehen von Norden,
und die Sonne scheint nicht mehr.
Auf die Berge möcht' ich fliegen,
möchte sehn ein grünes Tal,
möcht' in Gras und Blumen liegen
und mich freuen am Sonnenstrahl.
Möchte hören die Schalmeien
und der Herden Glockenklang,
möchte freuen mich im Freien
an der Vögel süßem Sang.
Schöner Frühling, komm doch wieder,
lieber Frühling, komm doch bald,
bring uns Blumen, Laub und Lieder,
schmücke wieder Feld und Wald!
Ja, du bist uns treu geblieben,
kommst nun bald in Pracht und Glanz,
bringst nun bald all deinen Lieben
Sang und Freude, Spiel und Tanz.

August Heinrich Hoffmann von Fallersleben

Winteraustreiben

So treiben wir den Winter aus,
durch unsere Stadt zum Tor hinaus
mit seinem Betrug und Listen,
den rechten Antichristen.
Wir stürzen ihn von Berg zu Tal,
damit er sich zu Tode fall'
und uns nicht mehr betrüge
durch falsche Lehr' und Lüge.
Nun haben den Winter wir ausgetrieben,
so bringen wir den Sommer wieder,
den Sommer und den Maien,
die Blümelein mancherleien.
Das danken Gott von Herzen wir,
bitten, daß er wolle senden schier
Christum, uns zu erlösen
vom Winter und allem Bösen.

                                    Volksgut

So treiben wir den Winter aus

Die Winterschläfer sind erwacht,
von gleicher Länge Tag und Nacht!
Von Süden weht ein warmer Hauch,
und Kätzchen hat der Weidenstrauch.
Jetzt treiben wir den Winter aus.
Ihr frechen Buben, kommt heraus,
ihr Großen und ihr Kinder:
Verscheuchen wir den Winter!
Wir machten einen Mann aus Stroh,
bald brennt die Puppe lichterloh.
Kommt her, ich lad euch ein,
beim Tanz dabei zu sein!

Heut treiben wir ihn aus

Heut treiben wir den Winter aus,
die schlimmen, bösen Geister;
Schneeglöckchen blühen vor dem Haus,
bald ist die Sonne Meister.
Nimm fröhlich an der Hetzjagd teil
wie Friedel, Franz und Guste,
komm, lauf und spring und renn und eil,
doch komm nicht aus der Puste!

Winteraustreiben

Nun treiben wir den Winter aus,
den alten, kalten Krächzer.
Wir jagen ihn zum Land hinaus,
den Griesgram, Brummbär, Ächzer.
Wir laden uns den Frühling ein
mit Blumen und mit Sonnenschein.
Juchhei! Juchhei!
O komm herbei,
o Mai, o Mai!
Das faule Stroh, das dürre Reis
und alles, was vermodert,
das geben wir dem Feuer preis,
daß hoch die Flamme lodert.
Wir laden uns den Frühling ein
mit Blumen und mit Sonnenschein.
Juchhei! Juchhei!
O komm herbei,
o Mai, o Mai!
Das Lied ist aus, Viktoria!
Der Winter ist vergangen.
Wir singen froh ein Gloria
dem Lenz, der angefangen.
Wir laden uns den Frühling ein
mit Blumen und mit Sonnenschein.
Juchhei! Juchhei!
O komm herbei,
o Mai, o Mai!

Guido Görres

Frühlingsgruß

Leise zieht durch mein Gemüt
liebliches Geläute.
Klinge, kleines Frühlingslied,
kling hinaus ins Weite!
Kling hinaus bis an das Haus,
wo die Blumen sprießen.
Wenn du eine Rose schaust,
sag, ich laß sie grüßen.

                    Heinrich Heine

*Jetzt fängt das schöne
Frühjahr an*

Jetzt fängt das schöne Frühjahr an,
und alles fängt zu blühen an
auf grüner Heid' und überall.
Es blühn die Blumen auf dem Feld,
sie blühen weiß, blau, rot und gelb,
grad wie es meinem Schatz gefällt.

                    Volkslied

Zum 1. April

April, April,
einen Narren kann man schicken,
wohin man will!

                    Volksgut

Frühlings Ankunft

Nach diesen trüben Tagen,
wie ist so hell das Feld!
Zerrissene Wolken tragen
die Trauer aus der Welt.
Und Keim und Knospe mühen
sich an das Licht hervor,
und manche Blumen blühen
zum Himmel still empor.
Ja auch sogar die Eichen
und Reben werden grün.
O Herz, das sei dein Zeichen:
Herz, werde froh und kühn!

August Heinrich Hoffmann
von Fallersleben

Lob des Frühlings

Saatengrün, Veilchenduft,
Lerchenwirbel, Amselschlag,
Sonnenregen, linde Luft!
Wenn ich solche Worte singe,
braucht es dann noch großer Dinge,
dich zu preisen, Frühlingstag?

Ludwig Uhland

Einladung zum Frühlingsfest

Wenn die Tage länger werden,
zieht der Frühling ein auf Erden.
Vorn im Garten kannst du's sehen:
Tulpen wie Soldaten stehen!
Doch die gelblichen Narzissen
mögen's auch inzwischen wissen,
daß der Wind aus Süden blies,
der den Schnee zum Teufel wies.
Auch der Eiszapf mußte schmelzen.
Buben gehen heut auf Stelzen.
Mädchen mit dem Springeseil
nehmen an der Freude teil.
Frühling, Frühling will es werden,
und er bringt die Lämmerherden,
steckt uns Veilchen in die Vasen
und den Krokus in den Rasen.
Lustig, auf geht's: Mit Juchhei!
Sei beim Frühlingsfest dabei!

Mit Schneeglöckchen

Singvögel hatten viel Winterweh.
Jetzt blühen Schneeglöckchen im Schnee.
Weißt du, was sie bedeuten?
Auf Leiden folgen Freuden!
Des Winters Stolz wird gebrochen,
es zittern die alten Knochen,
der Frühling ergreift die Macht,
wenn wieder die Sonne lacht.

Da gibt es die zarten Triebe,
und wieder erwacht die Liebe.
Ganz zart nur klopfe ich an,
und – du hast mir aufgetan!

Frühlingslied an Arlikona

Du siehst mich an und kennst mich nicht,
du liebes Engelsangesicht!
Die Wünsche weißt du nicht, die reinen,
die du so unbewußt erregt.
Ich muß mich freuen und möchte weinen:
so hast du mir mein Herz bewegt!
Kenn ich dein Glück, du kennst es nicht,
du liebes Engelsangesicht!
Welch schönes Los ist dir beschieden!
Wie eine Lilie auf dem Feld,
so heiter und so still zufrieden
lebst du in deiner kleinen Welt.
Mich treibt's im Leben hin und her,
als ob ich niemals glücklich wär',
kann keinen Frieden mir erjagen
und keine Heiterkeit und Ruh;
und hab in meinen schönsten Tagen
nur einen Wunsch: Lebt' ich wie du!

August Heinrich Hoffmann von Fallersleben

Liebe im Frühling

Wenn der Weichselbaum die duftigen Blüten schneit,
wenn die Tauben girren und der Kuckuck schreit,
wenn die Tauben girren und die Bienen schwirren,
dann beginnt die Liebe, die goldene Zeit.
Wenn die Wiesen schmückt der Blumen goldene Zier,
wenn die Liebe ruft aus Busch und Waldrevier,
wenn die Finken schlagen und zum Neste tragen,
such auch ich ein süßes Liebchen mir.
Wenn ich singend dann durch Busch und Wälder geh,
und oftmals vor einer kleinen Hütte steh,
ihr ins Auge blicke und ans Herz sie drücke,
wird mir plötzlich, ach, so wohl und so weh.

Volkstümliches Lied aus dem 19. Jahrhundert

Er ist's

Frühling läßt sein blaues Band
wieder flattern durch die Lüfte.
Süße, wohlbekannte Düfte
streifen ahnungsvoll das Land.
Veilchen träumen schon,
wollen balde kommen.
Horch! Von fern ein leiser Harfenton!
Frühling, ja du bist's!
Dich hab ich vernommen.

Eduard Mörike

Frühlingsglaube

Die linden Lüfte sind erwacht,
sie säuseln und weben Tag und Nacht,
sie schaffen an allen Enden.
O frischer Duft, o neuer Klang!
Nun, armes Herze, sei nicht bang!
Nun muß sich alles, alles wenden.
Die Welt wird schöner mit jedem Tag.
Man weiß nicht, was noch kommen mag.
Das Blühen will nicht enden.
Es blüht das fernste, tiefste Tal.
Nun, armes Herz, vergiß die Qual!
Nun muß sich alles, alles wenden.

Ludwig Uhland

April, April,
kann machen, was er will!
Bald lacht der Himmel blau und rein,
bald schauen die Wolken düster drein,
bald Regen und bald Sonnenschein!
April, April,
der weiß nicht, was er will!

Volkstümlich (nach Heinrich Seidel)

Ostern

Was am Neujahrsfest nur geahnt werden kann, zu Ostern wird es offensichtlich: Die Natur schmückt sich mit tausend Blüten. Was als Saatkorn im dunklen Erdenschoß ruhte, ist aus der Todesstarre seines Grabes erwacht und beginnt zu keimen. Die Frühlingsgöttin schwingt ihr Zepter, es ist der Stab der Fruchtbarkeit. Doch nicht nur aus winzigen Keimen wächst das neue, junge Leben.
Auch in den bebrüteten Eiern beginnt es zu klopfen und zu picken; die dottergelben Küken, die winzigen Vögelchen, die stoppelnackten Täubchen wollen ans Licht! Nicht umsonst ist also das Osterei ein Symbol für geballte Fruchtbarkeit; und die rammelnden Hasen bedürfen keiner weiteren Erklärung. Auch wenn man beide Fruchtbarkeitssymbole gewissermaßen in einen Topf wirft und einen eierlegenden Osterhasen daraus zusammenmixt: Hat es der arme Hase nicht schon schwer genug, den riesigen Korb mit all den vielen Süßigkeiten auf seinem krummen Rücken schleppen zu müssen?
Aus Dankbarkeit widmen wir zwar dem Meister Lampe so manchen Reim; aber die Glückwünsche zum großen Frühlingsfest gehen doch an die uns nahestehenden Menschen; an die Familie, an Opa und Oma, an andere Verwandte und an viele liebe Nachbarn: Frohe Ostern!

Glockenläuten zum Osterfest

Die Glocken läuten das Ostern ein
in allen Enden und Landen,
und fromme Herzen jubeln darein:
Der Lenz ist wieder erstanden!
Es atmet der Wald, die Erde treibt
und kleidet sich lachend mit Moose,
und aus den schönen Augen reibt
den Schlaf sich erwachend die Rose.
Das schaffende Licht, es flammt und kreist
und sprengt die fesselnde Hülle,
und über den Wassern schwebt der Geist
unendlicher Liebesfülle.

Adolf Böttger

Osterspaziergang

Wo die Weidenkätzchen blühen
und die Hasen hoppeln,
ist das Feld so grün, so grün
wie die Frühlingskoppeln.
Ein Hase aber ist dabei,
der bringt auch dir ein Osterei!

Osterspaziergang

Vom Eise befreit sind Strom und Bäche
durch des Frühlings holden, belebenden Blick.
Im Tale grünet Hoffnungsglück.
Der alte Winter in seiner Schwäche
zog sich in rauhe Berge zurück.
Von dorther sendet er, fliehend, nur
ohnmächtige Schauer körnigen Eises
in Streifen über die grünende Flur.
Aber die Sonne duldet kein Weißes.
Überall regt sich Bildung und Streben,
alles will sie mit Farben beleben.
Doch an Blumen fehlt's im Revier.
Sie nimmt geputzte Menschen dafür.
Kehre dich um, von diesen Höhen
nach der Stadt zurückzusehen!
Aus dem hohlen, finstern Tor
dringt ein buntes Gewimmel hervor.
Jeder sonnt sich heute so gern.
Sie feiern die Auferstehung des Herrn,
denn sie sind selber auferstanden.
Aus niedriger Häuser dumpfen Gemächern,
aus Handwerks- und Gewerbesbanden,
aus dem Druck von Giebeln und Dächern,
aus der Straßen quetschender Enge,
aus der Kirchen ehrwürdiger Nacht
sind sie alle ans Licht gebracht.
Sieh nur, sieh, wie behend sich die Menge
durch die Gärten und Felder zerschlägt,
wie der Fluß in Breit und Länge
so manchen lustigen Nachen bewegt,
und, bis zum Sinken überladen,
entfernt sich dieser letzte Kahn.

Selbst von des Berges fernen Pfaden
blinken uns farbige Kleider an.
Ich höre schon des Dorfs Getümmel.
Hier ist des Volkes wahrer Himmel.
Zufrieden jauchzet groß und klein:
Hier bin ich Mensch, hier darf ich's sein!

Johann Wolfgang von Goethe

Ostern am Meer

Es war daheim auf unserm Meeresdeich.
Ich ließ den Blick am Horizonte gleiten.
Zu mir herüber scholl verheißungsreich
mit vollem Klang das Osterglockenläuten.
Wie brennend Silber funkelte das Meer.
Die Inseln schwammen auf dem hohen Spiegel,
die Möwen schossen blendend hin und her,
eintauchend in die Flut die weißen Flügel.
In tiefer Erde bis zum Deichesrand
war sammetgrün die Wiese aufgegangen.
Der Frühling zog prophetisch über Land.
Die Lerchen jauchzten, und die Knospen sprangen.
Entfesselt ist die urgewalt'ge Kraft.
Die Erde quillt, die jungen Säfte tropfen.
Und alles treibt, und alles webt und schafft.
Des Lebens vollste Pulse hör ich klopfen.

Theodor Storm

Am Ostermorgen zu singen

Die Sonne geht im Osten auf,
der Osterhas' beginnt den Lauf.
Um seinen Korb voll Eier sitzen
drei Häslein, die die Ohren spitzen.
Der Osterhas' bringt just ein Ei –
da fliegt ein Schmetterling herbei.
Dahinter strahlt das blaue Meer
mit Sandstrand vorne und umher.
Der Osterhas' ist eben fertig –
als Kurtchen auch schon gegenwärtig!
Nesthäkchen findet – eins, zwei, drei,
ein rot, ein blau, ein lila Ei.
Ein Ei in jedem Blumenkelche!
Seht, seht, selbst hier, selbst dort sind welche!
Ermüdet leicht, im Morgenschein
schlief Kurtchen auf der Wiese ein.
Die Glocken läuten bim, bam, baum,
und Kurtchen lächelt zart im Traum.
Di di didl dum dei,
wir tanzen mit unsern Hasen,
umgefaßt, zwei und zwei,
auf schönem, grünem Rasen.

                        Christian Morgenstern

Osterhase im Garten

Ein Hase ist im Garten,
was hat er da gemacht?
Ich kann es kaum erwarten,
hat er mir was gebracht!
Kandierte Schokoeier
und eins aus Marzipan?
Ich sage nur: „Mensch, Meier!
Das schaust du dir gleich an."
Ich gehe gleich mal runter
und schaue in den Busch,
da flieht der Hase munter;
schon ist er fort: Husch, husch!
Ich sammle all das Süße
und leg es auf die Bank.
„Herr Hase, schöne Grüße!
Und nochmals vielen Dank."

*Kinderdank
an den Osterhasen*

Eins – zwei – drei,
der Hase kam zur Nacht,
eins – zwei – drei
hat's Nest er vollgemacht.
Eins – zwei – drei,
du bist ein gutes Tier,
zwei – drei – vier,
wir danken dir dafür!

Das Osterei

Hei, juchhei!
Kommt herbei!
Suchen wir das Osterei.
Immerfort,
hier und dort
und an jedem Ort!
Ist es noch so gut versteckt,
endlich wird es doch entdeckt.
Hier ein Ei!
Dort ein Ei!
Bald sind's zwei und drei.

August Heinrich Hoffmann
von Fallersleben

Kinderwunsch zu Ostern

Ich wünsch mir was,
ich wünsch mir was
vom lieben guten Osterhas'!
Osterhas', komm, bring mir das:
Ein Ei aus Schokolade,
wie ich's noch nie gesehen habe,
das fände ich nicht fade!
Doch kommst du nicht:
Wie schade!

Volkstümlich

Telefonische Bestellung

Hallo, Meister Pinselmeier!
Ich bestelle dreißig Eier.
Zehn mit Blümchen, und den Rest
kunterbunt zum Osterfest.
Wählen Sie sie nicht zu klein,
denn Geschenke sollen's sein.
Alles Handelsklasse A,
Übermorgen bin ich da,
um sie selber abzuholen.
Da Sie wärmsten mir empfohlen,
zahle ich natürlich bar.
Bitte, pünktlich! Alles klar?

An den Osterhasen

Osterhas', Osterhas',
leg uns recht viel Eier ins Gras,
trag sie in die Hecken,
tu sie gut verstecken,
leg uns lauter rechte,
leg uns keine schlechte,
lauter bunte, unten und oben,
dann wollen wir dich bis Pfingsten loben!

Viktor Blüthgen

Gipfelstürmers Gabe

Der Osterhas', der Osterhas'
verläßt den Frühlingsacker,
er hoppelt flink den Berg hinauf,
er hält sich wirklich wacker.
Er scheut nicht Müh' und Hasenschweiß,
er trägt den Korb aus Weiden,
der voll von süßen Sachen ist,
drum mag ihn jeder leiden.
Die Kinder drunten, tief im Tal,
und die auf hohem Berg,
sie lieben all den Mümmelmann,
den braunbepelzten Zwerg.
Der Osterhase steigt zu Berg
zur Zeit der Osterfeier,
und oben unterm Gipfelkreuz,
da legt er seine Eier.
Ein buntes Ei davon sei dein,
ich hab es mitgebracht
und hoff – ist auch die Gabe klein –,
daß es dir Freude macht!

Viele Ostereier

Große Ostereierbeute
wünsch ich dir zu Ostern heute;
wenn die Eier köstlich schmecken,
darfst du dir das Mäulchen lecken!

Volkstümlich

Zum Osterfest

Zu Ostern gibt es Weidenkätzchen
und Ostereier für mein Schätzchen.
Zu Ostern gibt es Osterglocken,
dazu die neuen Schafwollsocken.
Zu Ostern gibt's das Osterbier
und manchmal auch ein Schmusetier.
Zu Ostern gibt's im Bäckerladen
die heißbegehrten Osterfladen.
Zu Ostern gibt's das Osternest,
denn das gehört zum Osterfest.
Zu Ostern gibt's den Osterhasen,
der hoppelt auf dem grünen Rasen.
Er zeigt dir, daß im Ostermond
das Leben sich besonders lohnt,
denn Ostertag und Osterabend,
die sind erquickend und erlabend.
Mit Osterlamm und Osterfeuer
wird Ostern manchmal etwas teuer,
doch Osterspiel und Osterkerzen,
die kommen jedes Jahr von Herzen.
Das Osterwasser ist gesund
für jung und alt, für Katz und Hund,
und ist es erst mal Osternacht,
dann ist das schöne Fest vollbracht,
und du erhältst zum guten Schluß
vielleicht noch einen Osterkuß.
Auf alle Fälle bring ich dir
die schönsten Ostergrüße hier.
Doch ist mein Gruß dir nicht genug,
den ich für dich im Herzen trug,
dann mach es wie die reichen Pinsel
und fliege auf die Osterinsel!

Mach's den Osterhasen gleich...

Hat der Hase auch ein Auto;
wie trägt er die Eier aus?
Fliegt er mit dem Helikopter;
hoppelt er von Haus zu Haus?
Eine Kiepe auf dem Rücken
voll mit Eiern, das ist schwer
und gefällt mir überhaupt nicht.
Doch im Auto, bittesehr,
ginge es schon viel, viel schneller:
Vorgefahren, Türen auf!
Marzipan in die Verstecke,
Ei ins Nest, und – Häschen, lauf!
Nächste Straße: Ausgeladen!
In den Garten, Türen zu!
Motor an, und eilig weiter;
endlich die ersehnte Ruh'.
Vor der Gastwirtschaft am Walde
Mittagessen mit Salat.
Glaubst du, daß der Hase nach der
vielen Arbeit Hunger hat?
Gönn ihm ein paar Ostereier:
Oh, nein! Süßes mag er nicht.
Aber gönn ihm eine Pause;
Kohl und Möhren unserm Wicht!
Solltest du auch Möhren mögen,
gönn ich sie von Herzen dir.
Oder gönn dir etwas Gutes
übers Fest: Wie wär's mit mir?

Ostersonntag

Gelbe, rote, blaue
Eier auf der Aue;
hinter jedem Strauch
sitzt ein Häslein auch.
Laßt uns Eier suchen!
Backt den Osterkuchen,
denn in jedem Haus
gibt's heut guten Schmaus!

Alle haben's gern!

Als die Hasen auf dem Rasen
Gras und Klee und Blumen fraßen
und das Hoppeln nicht vergaßen,
als die Basen ihre Vasen
mit dem Palmgrün aus Oasen
schmückten und das Autorasen
auf den Straßen über die Maßen
anschwoll, war uns nicht zum Spaßen.
Weil wir in der Zeitung lasen
von Gestank, Staub, Luftvergasen,
sagte ich zu meinen Basen
mit den feinen Schnuppernasen:
Ostern ist jetzt nicht mehr fern!
alle Menschen haben's gern!
Darauf könnt ihr euch verlassen.
Überall gibt's Osterhasen;
und ich wünsch euch herzlich heute:
Frohe Ostern, liebe Leute!

Ostereier-Sprüche

Als ich beschrieb und bemalte dies Ei,
war ich mit ganzem Herzen dabei.
Drum nimm aus treuer Hand
dies Ei als Unterpfand.

    Ich schenke dir
    ein Osterei.
    Bewahre es,
    sonst geht's entzwei.

Mach es wie die Sonnenuhr,
zähl die heiteren Stunden nur!

Liebes Ei, o eile fort!
München ist dein Heimatort.
Halt dich unterwegs nicht auf,
denn der Frank, er wartet drauf.

Dies Ei aus einem Hühnernest
schenk ich dir zum Osterfest.

Ich will zum frohen Osterfest
dir fröhlich gratulieren.
Vielleicht gelingt es irgendwo,
ein Häslein aufzuspüren.
Dann lege ich in seinen Korb
ein Blatt mit tausend Grüßen,
das soll es dir als Festgruß bringen
mit seinen flinken Füßen.

                                          Volksgut

Muttertag

Was wäre, wenn wir die Mütter nicht hätten? Schlimm, wer an diesem zweiten Sonntag im Mai die Mutter vergißt. In der intakten Familie, in einem Haus mit kleinen Kindern, kommt dies selten vor.
Aber was ist, wenn die Kinder erwachsen und ausgeflogen sind, die Mutter alt und grau geworden ist? Wenn der Sohn in der Fremde diesen Ehrentag der Mütter verschwitzt hat, und man die wohl traurigsten Worte einer verlassenen alten Frau mit anhören muß: „Nicht mal zum Muttertag hat er mir eine Karte geschrieben!"
Andere Mütter verlieren ihre Kinder vor der Zeit: Durch Hunger und Entbehrungen, durch Terror, durch moderne Seuchen oder – völlig sinnlos – in den vielen gegenwärtigen Kleinkriegen. Wir glauben immer gern, wenn man uns sagt, die Menschen wären schlauer geworden und hätten durch viele schlimme Erfahrungen dazugelernt. Leidgeprüfte Mütter wissen, daß dem nicht so ist. Freuen wir uns, wenn wir unserer Mutter am Muttertag eine Freude bereiten dürfen. Solche glücklichen Augenblicke voller kleiner Überraschungen brauchen ja nicht auf den Muttertag beschränkt zu bleiben. Wenn Vater und Kinder gut und reibungslos zusammenarbeiten, gewissermaßen Hand in Hand, muß heute die häusliche Gratulationscour gelingen.

Das Mutterherz

Wo meine Wiege stand, da weil
ich immer, ach, so gern;
ich denke sehnsuchtsvoll zurück,
bin ich in weiter Fern'.
Wie ist die schöne Jugendzeit
im Leben doch so süß:
Du liebes, gutes Mutterherz,
du bist mein Paradies!
Die Mutter schützte mich vor Leid,
vor Ungemach und Not,
sie reichte mir mit Freuden hin
das letzte Stückchen Brot.
Sie lehrte mich wie im Gebet
den lieben Gott ich grüß:
Du liebes, gutes Mutterherz,
du bist mein Paradies!

Altes Schlagerlied

Es ist Muttertag

Zum heutigen frohen Feste
wünsch ich von Herzen dir
das Schönste und das Beste
und deine Liebe mir.
Nimm meinen Wunsch
aus reinem Sinn
und treuer Liebe
freundlich hin!

Volkstümlich

So ist der Muttertag

Ich schenk der Mutti eine Limo
zum Muttertag, wenn sie die mag,
sowie ein Freibillett fürs Kino,
denn heut ist Mamas Ehrentag.
Ich schenk ein rotes Tortenherzchen
mit Röschen drauf, daß sie sich freut,
sprech ein Gedicht und andre Scherzchen,
denn Muttis großes Fest ist heut.
Gelöbnisse sind dabei in Mode,
ein braves Knickschen paßt recht gut,
der ganze Rummel hat Methode,
weil jedermann das gleiche tut.
Der Blumenhändler hält den Laden
heut offen, auch der Bäckersmann
verwöhnt die Mütter; 's kann nie schaden!
Ab morgen ist der Alltag dran.
Dann darf die Mutti wieder schuften,
nur heut sind alle treu wie Gold,
heut gibt's nur Sträuße, welche duften.
Sag, Mutti: hast du's so gewollt?
Zum Muttertag gehören Spiele,
da sind in Bravheit wir vereint.
Aufmerksamkeiten gibt es viele;
ich wünsch, daß e h r l i c h sie gemeint!

Zum Muttertag

Mütter haben 100 Hände.
Sie sind immer da.
Und man braucht sie Tag für Tag,
selbst in Afrika.
Muß ich mal zum Zahnarzt gehen,
geht die Mutti mit.
Möchte ich den Zirkus sehen,
erfüllt sie meine Bitt'!
Bin ich krank, mißt sie mein Fieber,
streichelt mir das Haar.
Hab ich Mutti darum lieber
als im letzten Jahr?
Sie verzeiht mir meine Streiche
lächelnd. Und ich weiß:
Gäb's für Mütter einen Orden,
kriegte sie den 1. Preis!

Mutter

Mutter – schönster Name im weiten Erdenrund,
zärtlich gerufen als erster aus Kindermund,
leise gesprochen, wenn bang und traurig das Herz,
hilfesuchend im Dunkel bei Sorgen, Not und Schmerz.
Du bleibst mir erinnert und schirmend mein Leben lang.
Mutter, für all deine Treue und Liebe:
Habe Dank, habe Dank!

Verfasser unbekannt

Muttertagsgratulation vor dem Frühstück

Am Morgen des Muttertages wird die Mutter mit dem
folgenden Spiel überrascht.
Vater: Am Muttertagsmorgen stehen wir hier
und danken für deine Liebe dir
mit Blumen. Damit du im Bilde bist,
sagt jede Blüte, wie unsere Mutter ist.
Die Kinder wollen es buchstabieren;
unserer Mama soll der Dank gebühren.

1. Kind (mit Rosen): Die Rose weiß, wie Mutti ist;
                      ich hoffe, daß es niemand vergißt!
                      R wie redlich
                      O wie ordnungsliebend
                      S wie sanftmütig
                      E wie ehrlich

2. Kind (mit Nelken): Die Nelke weiß auch, wie Mutti ist;
                      ich wünsche, daß es niemand vergißt!
                      N wie nobel
                      E wie elegant
                      L wie liebenswürdig
                      K wie kinderfreundlich
                      E wie einfallsreich

3. Kind (mit Flieder): Auch der Flieder sagt, wie Mutti ist;
                      ich glaube, daß es niemand vergißt!
                      F wie fleißig
                      L wie lebensbejahend
                      I wie intelligent
                      E wie enorm geduldig
                      D wie dynamisch
                      E wie einfach wunderbar
                      R wie riesig fürsorglich

Vater: Und wie sich MUTTER buchstabiert,
das sage ich dir ganz ungeniert!
M wie mein ein und alles
U wie unbezahlbar
T wie treusorgend
T wie Tag und Nacht auf dem Posten
E wie eine Bessere gibt es nicht
R wie rundum glücklich sind wir mit ihr!
Mit ihr ist alles in Butter,
denn so ist unsere Mutter:
Sie ist die Beste!
Alle: Unsere Mama ist super!

(Es sollten jederzeit familienbezogene Eigenschaften eingesetzt werden. Es kann natürlich auch mit anderen Blumen buchstabiert werden, etwa mit Tulpe, Maiglöckchen oder Vergißmeinnicht.)

Freuden einer Mutter

Die seligsten Gefühle,
die der Schöpfer
dem Weibe gab,
genießt die Bettlerin
so wie die Königin
in gleichem Maße:
Die Wonnen einer Gattin,
einer Mutter!

Blumen des Guten, Schönen
und Wahren (1815)

*Gott in seiner Güte
mein Mütterlein behüte!*

Mein Herz hat heut so hellen Schlag,
das macht, es ist der Muttertag!
Die Erde kann nicht schöner sein,
rings Vogellied und Blütenschein.
Mein Herz ist so von Andacht voll,
mir ist, als ob ich beten soll:
„Du, Herr, in deiner Güte
mein Mütterlein behüte!"
Mein Herz hat heut so hellen Schlag,
das macht, es ist der Muttertag!

Volkstümlich

GUTSCHEIN für die Mama zum Muttertag

Der Gutschein, jederzeit einlösbar,
soll gelten für ein ganzes Jahr.
  1 Hausputz ... wird erledigt von (Barbara).
  1 Fahrt ins Grüne ... vom (Papa)
    mit Einladung in eine Konditorei;
    am besten noch einzulösen im Mai!
  1 selbstgepflückter Blumenstrauß vom Jüngsten.
  1 neues Kleid – wird gekauft noch vor Pfingsten!
  1 Tanzkurs für südamerikanische Tänze.
  1 Urlaub im Sommer – mit Fahrt über die Grenze.
10 x Geschirrspülen in einer Saison.
  4 neue Gartenstühle für den Balkon ...

(Solch ein Gutschein sollte individuell
und persönlich gestaltet werden!)

Lob der Mutter

Mutter, schallt es immerfort
und fast ohne Pause.
Mutter hier und Mutter dort
in dem ganzen Hause.
Überall zugleich zu sein,
ist ihr nicht gegeben.
Sonst wohl hätte sie, ich mein,
ein bequemes Leben.
Jedes ruft, und auf der Stell'
will sein Recht es kriegen.
Und sie kann doch nicht so schnell
wie die Schwalben fliegen!
Ich fürwahr bewundre sie,
daß sie noch kann lachen.
Was allein hat sie für Müh',
alle satt zu machen!
Kann nicht einen Augenblick
sich zu ruhn erlauben.
Und das hält sie gar für Glück!
Sollte man es glauben?

Johannes Trojan

Was man der Mutter wünschen kann

Mutter, ich grüß dich so hübsch und so fein,
soviel als Rosen im Garten drin sein,
soviel als der Mäher an Gräsern abmäht,
soviel als der Sämann an Körnern aussät.
Soviel als Fische durchs Wasser schießen,
soviel und noch hunderttausendmal mehr
will ich dich grüßen.

Und wenn die Welt ein Tintenfaß wär'
und der Himmel aus Pergament
und auf jedem Stern ein Schreiberling wär',
der da schriebe mit Füßen und Händ'
und schriebe so fort bis in den Advent:
Meine Treue und Liebe
hätten noch lange kein End'!

Aus Österreich

Einen Kuß für Mutti

Als ich heute aufgewacht,
habe ich sogleich gedacht,
daß heut der Tag der Mutter ist.
Wehe, wenn man das vergißt!
Doch ich hab es nicht vergessen,
sprech mein Verslein ganz gemessen.
Kurz ist's, und ich komm zum Schluß:
Mutti, du kriegst einen Kuß!

Volkstümlich

An meine Mutter

Obgleich kein Gruß, obgleich kein Brief von mir
so lang dir kommt, laß keinen Zweifel doch
ins Herz, als wär' die Zärtlichkeit des Sohns,
die ich dir schuldig bin, aus meiner Brust
entwichen. Nein, sowenig als der Fels,
der tief im Fluß vor ew'gem Anker liegt,
aus seiner Stätte weicht, obgleich die Flut
mit stürmischen Wellen bald, mit sanften bald
darüberfließt und ihn dem Aug' entreißt,
so wenig weicht die Zärtlichkeit für dich
aus meiner Brust, obgleich des Lebens Strom,
von Schmerz gepeitscht bald, stürmend drüberfließt,
und von der Freude bald gestreichelt, still
sie deckt, und sie verhindert, daß sie nicht
ihr Haupt der Sonne zeigt, und ringsumher
zurückgeworfne Strahlen trägt und dir
bei jedem Blicke zeigt, wie dich dein Sohn verehrt.

Johann Wolfgang von Goethe

*Auf eine Karte zu
schreiben*

L i e b e M u t t i !
Glück Glück Glück Glück
Glück Glück Glück Glück
Glück Glück Glück Glück
Glück Glück Glück Glück
Glück Glück Glück Glück
Glück F r e u d e Glück
zum M u t t e r t a g !

*Brief an die Mutter
aus der Ferne*

Wenn ich nur ein Vöglein wär',
käm' ich zu dir geflogen,
über Berge und Täler her
mit dem Wind gezogen!
Brächte selber meinen Gruß
unter Lust und Scherzen,
gäbe dir den schönsten Kuß
froh an deinem Herzen.
Leider soll's nicht also sein.
Hier, in weiter Ferne,
richt ich meinen Blick allein
auf zum Herrn der Sterne.
Kindlich flehe ich ihn an
um sein treues Walten,
mög' er dich auf deiner Bahn
lange noch erhalten!
Dir gehört mein Herz allein,
dir soll's ewig schlagen! –
Oh, wie herrlich müßt' es sein,
könnt' ich's selbst dir sagen.
Über Berge und Täler her
mit dem Wind gezogen –
wenn ich nur ein Vöglein wär',
käm' ich zu dir geflogen!

Aus dem 19. Jahrhundert

Geburts- und Namenstage

Kinder sehnen ihren Geburtstag heran und können diesen Freudentag kaum erwarten. Jugendliche zählen die Wochen bis zum Erwachsenwerden und wünschen den Tag ihrer Volljährigkeit mit all seinen vermeintlichen Freiheiten herbei. Der alte Mensch möchte den eigenen Geburtstag am liebsten vergessen und wäre froh, wenn er ihn nur alle fünf Jahre einmal zu feiern brauchte. Wie dem auch sei: Neben der Wehmut, wieder um ein Jahr älter zu sein, bringt uns dieser Tag in der Regel nur Gutes.
In katholischen Gegenden feierte man in früheren Zeiten hauptsächlich den Namenstag; darum sei er auch in diesem Kapitel nicht ausgeklammert. Wer gewitzt ist, darf also sogar zweimal im Jahr feiern!
Glückwünsche und Geschenke zum Geburtstag haben eine lange Tradition. Freundliche Wünsche von Verwandten und Bekannten zu diesem Tag sollten den Gefeierten vor der bösen Macht der Dämonen schützen. Betäubender Lärm und ausgelassene Fröhlichkeit beim Geburtstagsfest läßt die Geister eilig die Flucht ergreifen.
Das Aufsagen von Gedichten zum Geburtstagsfest – man höre und staune! – war schon in vorchristlicher Zeit bei den Griechen und Römern der Brauch.

Geburtstagsständchen

Fröhlich wir versammelt sind,
grüßen das Geburtstagskind.
Es vergehen dir Hören und Sehen,
denn wir singen, als wären wir zehn:
Oh, wie bist du schön!
Bleibe fröhlich und gesund,
komme nie nicht auf den Hund,
laß's dir immer wohlergehen.
Heut kannst du uns feiern sehen:
Oh, wie bist du schön!

*Was kleine Kinder zum
Geburtstag wünschen*

Alles Gute wünsche ich dir!
Deine Liebe schenke mir.

Aus dem 19. Jahrhundert

Ich bin die kleine Dicke.
Ich wünsche dir viel Glücke!
Ich wünsche dir ein langes Leben,
du mußt mir auch fünf Pfennig geben.

Aus Hessen

Ein langes Gedicht,
das merk ich mir nicht.
Drum sag ich nicht mehr
als: Ich liebe dich sehr!

Volksgut

Mein Herzchen sprich:
Ich liebe dich!
Mehr weiß ich nicht.

Aus Österreich

Ich bin ein kleiner Pinkel,
rund und dick:
Ich schlüpfe aus dem Winkel
und wünsche dir viel Glück!

Aus der Schweiz

Ich bin ein kleiner Pinkel
und stelle mich in den Winkel.
Und weil ich nichts kann,
so fang ich nichts an.
Ich mach ein schönes Buckerl
und bitte um ein Zuckerl!

Aus Österreich

*Zum Kindergeburtstag
(mit einem Bilderbuch)*

Geburtstag hat Annette,
das ist ein Freudentag,
und ich muß überlegen,
was ich ihr schenken mag.
Ich schenk ihr einen Roller,
damit flitzt sie geschwind
zum Bäcker und zum Milchmann,
das geht heut wie der Wind!
Ich schenke ihr ein Auto
mit einem Tretmotor,
damit fährt sie am Morgen
am Kindergarten vor.
Ich schenk ihr einen Schlitten,
denn kommt die Winterszeit,
so möchte Annettchen rodeln.
Wenn's dann nur tüchtig schneit!
Annette hat Geburtstag,
das ist ein Freudentag,
und ich muß überlegen,
was ich ihr schenken mag.
Ich schenk ihr eine Puppe,
zwei Kleidchen auch dazu,
ein weißes und ein rotes,
und Söckchen noch und Schuh'!
Ich schenk ihr einen Vogel,
der tiriliert und singt.
Er hüpft von seiner Stange,
wenn sie ihm Futter bringt.
Ich schenk ihr gelbe Rosen,
in Erde eingetopft.
Die darf Annette gießen!

Gib acht, daß es nicht tropft!
Geburtstag hat Annette,
das ist ein Freudentag,
und ich muß überlegen,
was ich ihr schenken mag.
Ich schenk ihr eine Trommel,
darauf schlägt sie bum, bum.
Schlag nicht so laut, Annette,
ich fall vor Schreck sonst um.
Ich schenke ihr ein Windrad.
Wie sich das lustig dreht!
Und wenn sie tüchtig pustet,
das Rad noch schneller geht.
Annette hat Geburtstag,
das ist ein Freudentag,
und ich muß überlegen,
was ich ihr schenken mag.
Ich schenke ihr ein Lotto.
Annettchen, paß gut auf:
Leg schön die richtigen Bildchen
auf deine Karten drauf.
Ich schenk ihr einen Teddy,
sein Fell ist mollig-warm.
Den nimmt das Mädchen abends
zum Schlafen in den Arm.
Geburtstag hat Annette,
da komm ich auf Besuch,
und wißt ihr, was ich schenke?
Nun – dieses schöne Buch!
Nimmt das Geburtstagskindchen
ein Buch in seine Hand,
dann hat es tausend schöne
Geschenke beieinand'!

Einem kleinen Gärtner zum Geburtstag

Ich weiß, du konntest es kaum erwarten:
Ein eigenes Beet in unserem Garten!
Wir schenken es dir zum Geburtstag heute,
daran hast du ganz bestimmt deine Freude.
Ein begeisterter Hobbygärtnersmann
bist du, darum fange gleich morgen an.
Bald werden drin wachsen die Möhren und Salat,
und Kresse und Gurken und grüner Spinat.
Vielleicht liebst du Blumen, dann pflanze sie an,
du hast freie Hand, mein kleiner Mann,
kannst säen und pflanzen nach Lust und nach Laune,
und geht es zur Ernte, dann schau nur und staune!

Sprüche für alle Geburtstage

Ich wünsche, was mein Herz laut spricht:
Sei glücklich und verzage nicht!

Glückwunschkarte um 1810

Die Lieb' ist groß,
die Gabe klein.
Gott weiß, daß ich's
von Herzen mein!

Volkstümlich

Alle Blumen welken:
Rosen, Tulpen, Nelken;
nur dein Glück allein
soll stets blühend sein!

Albumvers

Des Herzens Wünsche sage ich ungelogen,
sie sind nicht an den Haaren herbeigezogen.
Mag sich auch Unglück blicken lassen:
Dich möge es nie am Kragen fassen!

Um 1830

Der Blumenkohl, der Blumenkohl,
das ist die beste Pflanze.
Weil heute dein Geburtstag ist,
drum wollen wir lustig tanzen!

Aus Halle

Schön ist zwar der Blumen Pracht,
hold der Töne Zaubermacht,
doch dies alles kann mich nie
herzlich freuen ohne Sie!

Auf einem Glückwunschbogen
aus Sachsen

Ein besonders höflicher Gratulant sagt:

Weil heute dein Geburtstag ist,
sei höflich auf die Hand geküßt!

Aus dem 19. Jahrhundert

*Zu Mutters
Geburtstag –
kurz und bündig*

Ich wünsche dir
mit Herz und Mund:
Lieb Mütterlein,
bleib hübsch gesund!

Mit frohem Danke denk ich heut
an deine Mutterliebe.
Oh, daß doch deine Lebenszeit
noch lang voll Glück und Heiterkeit
zu meiner Freude bliebe!

Ich bin vielleicht noch gar zu klein,
um schöne Sprüche dir zu weihn;
doch werd ich einmal größer sein,
dann soll dich auch mein Dank erfreun!
Sieh, Mütterchen, die Blumen hier,
so duftig blühend, schenk ich dir
und wünsche, daß der heutige Tag
dir oft noch wiederkehren mag.

Mein kleines Herz,
mein kleiner Mund
wünschen dir Glück
zu jeder Stund!
Hab ferner mich
von Herzen lieb!
Ein Küßchen nun
deiner (Anna) gib!

Aus dem 19. Jahrhundert

*Kinder überreichen
der Mutter ein
Geburtstagsgeschenk*

Da kommen wir Kinder
mit Jubelgeschrei,
wir eilen geschwinder
als jemals herbei.
Oh, Mutter, von neuem
erscheint heut der Tag,
auf den wir uns freuen,
dein Wiegenfesttag,
an dem dir die Sonne
zum ersten Mal schien,
der Tag, der mit Wonne
uns sollte durchglühn.
Denn sieh nur, wir lieben
dich, Mutter, so sehr,
nichts kann uns betrüben,
als wenn du nicht mehr
mit heiteren Blicken
gern unter uns bleibst,

nicht Lesen und Stricken
vergnügt mit uns treibst.
Gern wollen wir immer
durch Fleiß dich erfreun,
und ferne soll immer
der Eigensinn sein,
daß nichts dich betrübe –
du bist ja so hold:
Nimm, was dir die Liebe
der Kinder hier zollt!

Volkstümlich aus dem 19. Jahrhundert

Geburtstagsbrief an die Mutter

Bin ich auch arm an der Wortsprache, so bin ich doch reich an der Sprache des Herzens. Könntest du in diesem lesen, du würdest alle Wünsche ausgedrückt finden, die das reinste Glück deines Lebens betreffen. Du würdest finden, daß mir nichts über deinen Besitz geht, und daß ich nichts sehnlicher verlange als dich fern von Leid, fern von Trübsal, noch viele, viele Jahre froh und vergnügt zu besitzen. Anliegendes bitte ich gütig aufzunehmen und mehr auf meinen guten Willen als auf die Gabe zu sehen. – Ich küsse dir die Hand!

Aus: „Der Gratulant in Prosa", 19. Jahrhundert

Der kleine Geburtstagsbote

Als kleiner Bote bin ich 'kommen,
Mama, ich bring dir Gruß und Kuß.
Hab alles ordentlich vernommen,
was ich dir jetzt vermelden muß.
Papa, der hat's mir aufgetragen,
weil heute dein Geburtstag ist.
Ich soll es dir ganz ernstlich sagen,
daß du sein liebstes Schätzchen bist.
Und daß dir Gott soll ferner geben
Gesundheit, Kraft und frohen Sinn,
und uns erhalten lang dein Leben
bis in das höchste Alter hin.
Und daß du lieben sollst uns beide
nach Herzenslust jahraus, jahrein,
und daß ich selber dir zu Freude
soll fröhlich wachsen und gedeihn.
So hat's Papa mir aufgetragen,
und nur ein Einziges weiß ich noch,
das will ich von mir selber sagen:
Mama soll leben! Vivat hoch!

Aus: „Der Gelegenheitsdichter",
19. Jahrhundert

*Zu Vaters Geburtstag –
kurz und bündig*

Da komm ich kleiner Gratulant
mit vollem Herzen, doch leerer Hand;
kann auch noch nichts Rechtes dir singen,
nur liebend dich umschlingen!

Was soll ich dir sagen,
was soll ich dir geben?
Ich hab ein so kleines,
so junges Leben;
ich habe ein Herzchen,
das denkt und spricht:
Ich habe dich lieb!
Mehr weiß ich nicht.

(Von einem Nesthäkchen
vorzutragen)

Ich wünsche dir mit Hand und Mund
und aus dem tiefsten Herzensgrund:
Sei glücklich, Vater, immerdar
im neu begonnenen Lebensjahr!

Dein Töchterlein, das kleine,
kommt ganz alleine
und wünscht dir heut
alles, was dich freut!

Aus dem 19. Jahrhundert

Geburts- und Namenstage

*Für einen Vater,
der Spaß verträgt*

Bester Vater, wachs und grüne!
Lebe, allerliebster Mann,
daß die Last der Amtsgeschäfte
deinen Körper, deine Kräfte
niemals dünne machen kann.
Nimm stets zu als wie die Gänse,
die man auf Sankt Martin spart,
daß kein Sturm und keine Plagen
dir den Hut vom Kopfe schlagen,
nichts verletze deinen Bart.
Dein Gedächtnis möge brennen
wie ein dickes Dreierlicht!
Also, Vater, sind die Wünsche,
die dein kleiner Sohn dir spricht.

Aus Berlin, 1788

*Auf eine Postkarte
zu schreiben*

Lebe glücklich,
lebe heiter,
lebe in Gesundheit weiter,
lebe viele Jahre noch:
Lebe, Vater,
lebe hoch!

Volkstümlich

*Weitere Glückwünsche
zum Geburtstag des Vaters*

Lieber Vater, nimm als Gabe
diese bunten Blumen an.
Sie sind alles, was ich habe,
alles, was ich geben kann.

        Aus dem 19. Jahrhundert

Ich wünsche, lieber Vater, dir,
daß du recht lange bei uns hier
und glücklich mögest leben.
Es wolle der Himmel jederzeit
dir Freude und Zufriedenheit
und Glück und Frieden geben.
Ein Angebinde bring ich dar.
O mögest du es lange Jahr'
benutzen voller Freuden.
O lebe glücklich! So wie ich
liebt dich wohl keiner sicherlich.
Fern bleib dir jedes Leiden.

        Anfang des 20. Jahrhunderts

*Zum Geburtstagsfest der Großmutter
mit einer vergoldeten Nuß*

Das Glück der Welt kenn ich noch nicht,
hochwerte Großmama,
doch, daß es ganz was Gutes sei,
das sagt mir mein Papa.
Das Beste gönne ich Ihnen gern,
drum nehmen Sie des Glückes Kern!

Glückwunschkarte aus dem Jahre 1790

Zum Geburtstag der Großmama im Herbst

Guten Morgen, liebe Großmama!
Nimm dieses kleine Sträußchen da.
Es ist aus unserm Garten!
Wir sollen fragen, wie es steht
und wie es dir seit gestern geht,
und sollen auf Antwort warten.
Und was ich sonst noch sagen sollt:
Daß Mutter dich besuchen wollt'
heut nachmittag um dreie.
Und unser Karlchen, denk nur an,
hat wieder einen neuen Zahn.
Nun hat er ja schon zweie!
Und als ich durch den Garten ging,
ja, denke mal, was da wohl hing.
Ich wollt' es gar nicht glauben!
Ja, rat' nur einmal, was ich fand:
An deinem Weinstock an der Wand,
da sind schon reife Trauben.

Heinrich Seidel

*Zu Großvaters (oder Großmutters)
Geburtstag – kurz und bündig*

(Großväterchen), bin ich auch klein,
kann ich doch herzlich gut dir sein.
Hör meinen Wunsch, den ich dir bringe:
„Sei immer froh und guter Dinge!"
Und wenn ich mal ein wenig tolle
um dich herum – deshalb nicht grolle!
Ja, bleibe mir nur immer gut;
dann bin ich froh und wohlgemut!

(Großmama), ich wünsche dir
Gottes Segen für und für!

Zwar weiß ich nicht zu sagen viel,
kann auch den Takt nicht geben;
doch stimm' ich froh mein Saitenspiel
und rufe: Du sollst leben!
Ja, leben sollst du lange noch
gesund in unserer Mitte;
oh, guter Gott, erfülle doch
des kleinen Enkels Bitte!

Du liebe, gute Großmama,
wie bin ich dir so gut!
Leb lange fröhlich und gesund,
hab immer guten Mut.
Bin ich erst groß, dann sollst du lachen,
da schenke ich dir viel schöne Sachen!

Aus dem 19. Jahrhundert

*Zum Geburtstag
des Großvaters*

Viel Glück, mein lieber Großpapa,
zu deinem Wiegenfest!
Ich bitte Gott, daß lange noch
er dich am Leben läßt,
dich froh erhält, dir guten Mut
und frische Kräfte gibt,
daß deinen Lebensabend nicht
das kleinste Wölkchen trübt.

Aus dem 19. Jahrhundert

Weil heute dein Geburtstag ist,
bring ich dir einen Strauß.
Komm, suche dir doch auch etwas
von meinem Spielzeug aus.
Ich schenke dir, was dir gefällt,
ist es mir noch so wert:
Den Fußball und das Bilderbuch
und selbst mein Steckenpferd.
Und wenn ich groß gewachsen bin
und Geld verdienen kann,
so kauf ich dir, mein Großpapa,
das Allerbeste dann.
Ich kaufe dir dann Zuckerzeug
und Brezeln und Konfekt
und freue mich, mein Großpapa,
wenn es dir herzlich schmeckt.

Anfang des 20. Jahrhunderts

Beim Frühstück soll dir der Morgen vergehen,
bis mittags die dampfenden Schüsseln dastehen;
und hast du nach Tische ein Schläfchen gemacht,
so werde ein Schälchen Kaffee dir gebracht.
Jetzt schlendere ein wenig spazieren hinaus,
bis abends erscheinen die Freunde zum Schmaus.
Dann werde getanzt noch bis Mitternacht
und auch des edlen Punsches gedacht.
Nun endlich lege dich aber zur Ruh
und träume ein lustiges Stückchen dazu.

Aus dem Biedermeier

Zum Geburtstag der Tante (oder des Onkels) – kurz und bündig

Bist ein Jährchen älter wieder,
(lieber Onkel), glaub es mir;
Lerchen singen Frühlingslieder,
alles gratuliert heut dir.
Da kann ich zurück nicht bleiben,
bring dir auch mein Wünschchen dar.
Will's dir gleich hier niederschreiben:
Lebe froh noch viele Jahr'!
Bleib gesund mit all den Deinen,
bleibe frei von Sorg' und Schmerz;
Glück mög' dir noch oft erscheinen
und erheitern dir das Herz.

Du liebe, gute Tante mein,
sollst immer froh und glücklich sein.
Gesundheit, Freude, langes Leben,
das soll der liebe Gott dir geben.

Sieh, die kleine Nichte kommt,
dir zu gratulieren,
und, was ihr am besten frommt,
dir zu deklamieren:
Nun, was könnt' dies anders sein
als ein heißes Flehen,
das zum Himmel gehet ein
für dein Wohlergehen.
Seinen Segen möge Gott
reichlich dir verleihen,
daß nie störe Sorg' und Not
deines Werks Gedeihen!

Noch bin ich klein und weiß nicht viel,
doch bleibe ich heut auch nicht still
und wünsch (dem Onkel) mit Herz und Mund:
Bleib viele Jahre noch gesund!

      Aus dem 19. Jahrhundert

Geburts- und Namenstage

Ein Neffe gratuliert seiner Tante

Dem großen braunen Blumentopf
geht ein Gedanke durch den Kopf:
„Wie kann ich diesen Weg verstopfen,
mir ständig Blumen einzutopfen?
Im Frühling Tulpen, im Oktober
Zwergastern: Was soll der Zinnober?
Im Winter einen Gummibaum;
ich habe einen anderen Traum!
Pflanzt doch in mich mal ein Kaninchen,
ein kleines Ferkel oder Hühnchen;
auch einen ungezogenen Jungen
im Blumentopf, der wär' gelungen.
Verschenkt mich zur Geburtstagsfeier.
Das wäre nicht die gleiche Leier,
wenn mal die Tante von der Nichte
einen blühenden Lausebengel kriegte."
Da aber dies wohl nicht kann sein,
schenke ich mich dir ganz allein!

Mein Tantchen

Mein Tantchen, sieh als Gratulant
komm heute ich zu dir gerannt;
mein Wunsch steigt aus dem Herzensgrund
und heißt: Bleib fröhlich und gesund!
Kehr oft in unserm Hause ein,
du sollst uns stets willkommen sein,
denn eine Tante, lieb wie du,
der fliegen alle Herzen zu!

Isabella Braun

*Der „Erbtante" zum
runden Geburtstag*

Liebes Tantchen, es ist wahr,
heute wirst du 80 Jahr!
Alle kommen sie gelaufen,
mußten erst noch Blumen kaufen,
brachten Kuchen und Pralinen:
liebes Tantchen, gönn es ihnen,
laufen sie sich Hacken krumm.
Unsere (Hilde) ist nicht dumm,
weiß, wohin der Hase läuft,
wem das Herz vor Liebe träuft,
oder wer schon mit Bedacht
an das „Erbe" hat gedacht.
Mir, das weißt du allemal,
ist das alles ganz egal,
weil ich dich von Herzen mag,
nicht nur heut am Ehrentag.
Wärst du arm wie eine Maus,
glaube mir, ich „hielt dich aus".
Ohne Ketten, Schmuck und Ring
wärst du grad so'n liebes Ding.
Drum zum Trotz der ganzen Brut,
bleib gesund, sei auf der Hut,
so wie heute, geistig klar,
Tantchen, leb noch 20 Jahr,
und für alle, die dich lieben,
werde bitte 107!
107 – dieses Ziel
ist als Vorsatz nicht zuviel.
Mach mir vorher keine „Schande":
Halte durch, geliebte Tante!

Zum Geburtstag eines Onkels

Guten Morgen, sollt ich sagen
und ein schönes Kompliment,
und die Mutter ließ auch fragen,
wie der Onkel sich befänd'!
Und der Strauß wär' aus dem Garten,
falls du etwa danach fragst.
An der Türe sollt' ich warten,
ob du mir auch etwas sagst.
Und hübsch grüßen sollt' ich jeden
und ganz still sein, wenn man spricht.
Und recht deutlich sollt' ich reden.
Aber schreien sollt' ich nicht.
Doch ich sollt' mich auch nicht schämen,
denn ich wär' ja brav und fromm,
nur vom Kopf die Mütze nehmen,
wenn ich in das Zimmer komm.
Wenn mir eins was geben wollte,
sollt' ich sagen: Danke schön!
Aber unaufhörlich sollte
ich nicht nach der Torte sehn.
Und hübsch langsam sollt' ich essen.
Stopfen wär' hier nicht der Brauch,
und (bald hätt' ich es vergessen)
gratulieren sollt' ich auch.

Julius Lohmeyer

Zum Geburtstag im Winter

Der Winter ist an Blumen leer,
hat nichts als Schnee und Kälte mehr;
kein Vöglein singt, von Nebelduft
ist eingehüllt rings Land und Luft.
Da bricht für mich voll Sonnenschein
dein liebes Wiegenfest herein,
und um mich lächelt's weit und breit
grad wie zur holden Frühlingszeit.
Nur schade, daß auf Feld und Flur
von Blumen nirgends eine Spur;
sonst ging' ich aus mit raschem Schritt
und brächte dir die schönsten mit.
Was nun zu tun? Statt Blumenschmuck
nimm meinen warmen Händedruck
und diesen Kuß, und hättest du
mein Herz nicht längst, käm's auch dazu.

Volkstümlich aus dem 19. Jahrhundert

Mit einem Zierkorken sprechen

Es hilft uns kein Gedeutel,
so nimm es, wie es fällt:
Der eine hat den Beutel,
der andere hat das Geld.
Es läßt sich nichts erklopfen:
Der eine hat den Wein,
der andere hat die Pfropfen.
Man muß zufrieden sein!

Theodor Fontane

Zur Volljährigkeit

Mündig bist du heut geworden,
dieses ist ein großer Tag.
Sei drauf stolz wie auf 'nen Orden,
den ein Hofrat tragen mag.
Heut kannst du dich wählen lassen
bis zum Bundestag, und das,
was noch wichtig ist, auch wählen,
adoptieren und sonst noch was.
Heut kann man dich voll bestrafen.
Heute ist es dir beschieden,
deine Freiheit dir zu schaffen,
dir dein Glück nun selbst zu schmieden.

Zum 30. Geburtstag

Schier dreißig Jahre bist du alt,
hast manchen Sturm erlebt;
hast stets wie ein Recke gestritten,
und hast du auch manchmal gelitten,
wir beide haben niemals gebebt.
Wir habe manche liebe Nacht
durchzecht bis der Tag graut.
Schnaps allein, du hast uns erwärmet,
und was mein Herze hat gehärmet,
das hab ich dir alles vertraut.
Geplaudert hast du gern mit mir,
du warst mir still und treu.
Deine Augen sind nun umrändert,
doch sonst hast du dich nicht verändert.

Drum, Alter, werd' nicht wieder neu.
Und mögen sie mich verspotten,
du bleibst mir teurer noch.
Wo die erste Falt' Platz genommen,
ist sie nur vom Lachen gekommen,
du bleibst mir der allerliebste doch!
Doch wenn die Abschiedsstunde kommt,
in siebzig Jahrn mag's sein;
lieber N N, laß dich mit mir begraben,
weiter will ich von dir nichts haben;
laß mich immer bei dir sein.
Da liegen wir zwei beide
bis zum Appell im Grab.
Der Appell, der macht alles lebendig,
da ist es denn auch ganz notwendig,
daß ich meinen N N hab.

Frei nach Karl von Holtei

Einem Freund zum Geburtstag

Mein Freund, ich bin ein armer Schlucker,
und meine Schätze liegen in dem Mond.
Auch hab ich viele schöne Güter
im Lande, wo die Hoffnung thront.
Von dorten her bring ich dir eine Gabe.
Ich hoffe, daß sie wichtig dir erscheint,
denn sie ist heiter wie die Morgensonne,
und der dir's bringt, er ist dein Freund!

Fritz Reuter

*Zum Geburtstag der Frau
Kirchenrätin Griesbach*

Mach auf, Frau Griesbach! Ich bin da
und klopf an deine Türe.
Mich schickt Papa und die Mama,
daß ich dir gratuliere.
Ich bringe nichts als ein Gedicht
zu deines Tages Feier;
denn alles, wie die Mutter spricht,
ist so entsetzlich teuer.
Sag selbst, was ich dir wünschen soll,
ich weiß nichts zu erdenken.
Du hast ja Küch' und Keller voll,
nichts fehlt in deinen Schränken.
Es wachsen fast dir auf den Tisch
der Spargel und die Schoten;
die Stachelbeeren blühen frisch
und so die Reineclauden.
Bei Stachelbeeren fällt mir ein,
die schmecken gar zu süße;
und wenn sie werden zeitig sein,
so sorge, daß ich's wisse.
Viel fette Schweine mästest du
und gibst den Hühnern Futter.
Die Kuh im Stalle ruft muh, muh
und gibt dir Milch und Butter.
Es haben alle dich so gern,
die Alten und die Jungen,
und deinem lieben, braven Herrn
ist alles wohl gelungen.
Du bist wohlauf. Gott Lob und Dank!
Mußt's auch fein immer bleiben.
Und höre, werde ja nicht krank,

daß sie dir nichts verschreiben.
Nun lebe wohl! Ich sag ade.
Gelt, ich war heut bescheiden!
Doch könntest du mir, eh ich geh,
'ne Butterbemme schneiden.

Friedrich von Schiller
im Namen seines Söhnchens Karl

Einem Politiker zum Geburtstag

Dein Job, wie man hört, sei ein mieses Geschäft,
weil dein politischer Feind niemals schläft;
die Seilschaft und die Korruption,
sie schleichen sich an des Politikers Thron.
Da sägt man am Stuhlbein frech ohne Furcht,
das bringt dich in Streß. Trotzdem: Halte durch!
Deine Rede sei ehrlich, keine Maulhurerei.
Gib auch ruhig mal Fehler zu, was ist schon dabei?
Und wirfst du das Handtuch schlimmstenfalls,
werde nie zum politischen Wendehals;
diese Vögel gibt es längst mehr als genug.
Sie sind in der politischen Landschaft ein Fluch.
Wenn du es noch besser machen kannst als bisher,
dann mögen dich deine Wähler noch mehr.
Sie werden dich lieben noch und noch;
unser Geburtstagskind lebe: Hoch – hoch – hoch!

Astrologisch Glück gewünscht!

Mit dem WIDDER beginnt der Sternenreigen.
Dies sollte man keinesfalls verschweigen.
Ich wünsche für die Zukunft dir Glück und Verstand,
und – geh nicht immer gleich mit dem Kopf durch
die Wand.

Der zweite im Sternenkreis ist der STIER.
Zu deinen Geburtstage gratulier
ich dir. Ich heb dich auf meinen Schild.
Bleib friedlich und ruhig, und werde nie wild.

Der ZWILLING hat eine Zwillingsnatur.
In der schönsten Zeit, wenn die ganze Flur
mit Blüten bedeckt ist, da feierst du
Geburtstag! Ich wünsche dir Glück dazu.

Der KREBS ist geduldig. Gottseidank!
Was er vorwärts nicht schafft, geht im Rückwärtsgang.
Drum, liebes Geburtstagskind, wünsch ich dir eben:
krebse dich fröhlich durch das Leben.

Der LÖWE, der König der Tiere, brüllt.
Und wenn man ihn reizt, dann wird er wild.
Doch du bist ein friedlicher, lieber Mensch;
nie cholerisch gereizt und – nie wetterwend'sch.

Die JUNGFRAU ist nicht immer zart und fein;
sie kann auch ganz schön aufmüpfig sein.
Drum wünsche ich dir für die Zukunft vor allem:
Sei tapfer und lasse dir nichts gefallen.

Die WAAGE, auf Ausgleich und Harmonie
bedacht, ist im Leben ungerecht nie.
Auch dir widerfahre alle Zeit
nie Unrecht, sondern Gerechtigkeit.

Der SKORPION, das verschweige ich nicht,
ist jemand, der gern mal von hinten sticht.
Auf dich allerdings trifft das nicht zu.
Ich wünsche dir Glück und Gesundheit dazu.

Der SCHÜTZE hat oftmals ins Schwarze getroffen,
er ist für alles Neue stets offen.
Auch du bist so liebenswürdig, daß man
dich und dein Wiegenfest nie vergessen kann.

Der STEINBOCK regiert in der Winterszeit,
wenn die Flüsse vereist sind, die Wälder verschneit.
Ist auch rauh die Natur, so wünsche ich doch
zum Geburtstag dir Sonnenschein noch und noch.

Im Februar kommt der WASSERMANN.
Das heißt, Ende Januar fängt er an.
Dies zu vergessen, wär' eine Sünd'.
Zum Geburtstag wünsch ich dir viel Glück, liebes Kind.

Die FISCHE, sie schwimmen fröhlich und munter
im Wasser kopfüber und auch kopfunter.
Auch du bist ein fröhlicher Zeitgenosse.
Ich gratuliere! Komm – reich mir die Flosse!

(Nach ähnlichem Muster könnte jedermann selber monatsbezogene Vierzeiler herstellen, also für Geburtstage im Januar, Februar, März usw. Oder man geht in einem persönlichen Geburtstagsgedicht auf die gegenwärtige Jahreszeit ein.)

Geburts- und Namenstage

*Noch voll funktionsfähig! –
für jemanden, der/die Spaß versteht*

Du bist wie eine Computeranlage,
ganz unverwüstlich ohne Frage.
Ganz ohne Launen, stets gefällig,
und niemals reparaturanfällig.
Dich kann man verwenden für Haus und Büro,
und für „Spezialaufgaben" sowieso!
Du bist robust und pflegeleicht,
in der Präzision bist du unerreicht,
bist technisch auf dem höchsten Stand
und für genaue Auskünfte bekannt.
Siehst glänzend aus zu jeder Frist,
und da du noch jahrelang haltbar bist,
macht es gar nichts, wenn du Geburtstag hast.
Dies eine Jahr älter ist dir keine Last.
Du behältst den Humor, dir platzt nie der Kragen:
(70) Jahre noch sollst du auf deinem Buckel tragen!

Zu einem „runden" Geburtstag

Die Regierung der „Wassermänner" naht,
drum hab ich keine Unkosten gespart,
hab aufgemacht mich auf der Stelle
und rücke dir jetzt auf die Pelle;
nimm mein Geschenk hier freundlich an.
Das Allerbeste wünsch ich dir dann;
halt immer steif die Ohren, Mann:
ein neuer Lebensabschnitt begann!

*Einem männlichen oder weiblichen „Steinbock"
oder „Wassermann" zum Geburtstag*

Die Flocken tanzen um das Haus,
die Wälder sehen nach Winter aus;
doch mit dem Januar
begann ein neues Jahr.
Die dunklen Tage gehen vorbei,
denn länger – um einen Hahnenschrei –
ist jeder Tag. Und so geht's weiter
bis Frühling ist: Na, der wird heiter!
Bevor es heuer Frühling wird,
da gibt's ein Fest; habe geirrt
ich mich vielleicht? O nein, o nein:
Geburtstagsfest soll heute sein,
und dazu gratuliere ich.
(Verena), ich umarme dich!

Geburtstag in der zweiten Hälfte des Lebens

Du bist ein reifes Früchtchen schon,
doch noch nicht wie Dörrobst auf dem Balkon,
eine „alte Pflaume" bist du vielleicht,
die einen hohen Grad an Süße und Reife schon erreicht;
aber innerlich bist du noch ganz okay,
und wenn ich auf dein Figürchen seh,
auch immer noch lecker, nicht faul, immer froh,
drum sag ich dir heut nur: Mach weiter so!
Ich bin mir ganz sicher, du wirst dich nicht härmen,
wenn dich eifrig die süßen Bienen umschwärmen.
Ich wünsche dir Glück, und – sei nicht verwundert –
an vergnüglichen Jahren noch ein halbes Hundert!

Allerbeste Wünsche! – einem reiferen Geburtstagskind

Heut zu dem Geburtstagsfeste
wünsch ich dir das Allerbeste,
alles, was du wünschest dir sehr,
und noch vieles, vieles mehr!
So zum Beispiel alle Zeit
ungetrübte Heiterkeit,
und Gesundheit – ohne Frage –
bis ans Ende deiner Tage,
daß du stirbst an Altersschwäche,
wenn wir weinen Tränenbäche,
weil das Leben du beendet
erst, wenn 100 du vollendet.
Sei am Abend wie am Morgen
frei von Trübsal, frei von Sorgen,
frei von Kummer; sei im Glück
jeden, jeden Augenblick!

                              Volkstümlich

Geburtstag ab dem 60. Lebensjahr

Willkommen im Club der „Gruftis"! Vor allem
soll es dir in unserem Club auch gefallen.
Die guten Jahre sind nun zwar vorbei,
doch kommen jetzt „die fetten" an die Reih'.
Sei nicht traurig, und reiß dich zusammen, Mann,
denn mit (66) Jahren fängt doch das Leben erst an!
Und auch mit der Liebe ist längst noch nicht Schluß;
es geht nicht mehr so schnell, doch – mit viel mehr Genuß.

*Der besten Mutter zum
75. Lebensjahre*

Wir wissen's, deine stille Seele,
sie teilt sich zwischen dort und hier;
wir alle fühlen, was ihr fehle,
was du verlorst, verloren wir.
Die Teuern, die dahingeschieden,
sie winken dir zum schönern Land;
doch viele bleiben dir hienieden
und halten liebend deine Hand.
Dir lächeln viele heut entgegen,
die kaum erst deinen Wert verstehen:
o laß auch sie in deinem Segen
noch manches Jahr durchs Leben gehen!
Mag auch dein Herz hinüberstreben,
o gönn' uns dich noch lange Zeit!
Denn flüchtig ist das längste Leben,
und endlos ist die Ewigkeit.
Und in der irdischen Beschwerde
ist e i n e s doch, was göttlich flammt,
was an den Himmel knüpft die Erde:
die Liebe, die vom Himmel stammt!

Ludwig Uhland

Grüße durch die Zeitung

Gereimte Gedichte auswendig zu lernen und am Geburtstagsmorgen dem Geburtstagskind vorzutragen, kommt leider immer mehr aus der Mode. Dagegen sind Überraschungen anderer Art „in".
Geradezu „mega in" ist es, im Anzeigenteil der örtlichen Boulevardzeitung einen Glückwunsch aufzugeben, und mit einem gedruckten Vers den Familienangehörigen, der Geburtstag hat, zu überraschen. Am Geburtstagsmorgen liegt dann druckfrisch die Zeitung auf dem Frühstückstisch, zum Beispiel mit den folgenden Reimen:

> Hallo, Diana!
> Zu deinem Geburtstag
> einen Riesenschmatz
> von Papa und Mama,
> von Klaus und – der Katz'!

Oder:
> Heut wirst du volle 30 Jahr';
> ich kann es kaum glauben, doch es ist wahr.
> Bleib immer munter und so, wie du bist,
> ein lieber Kerl und ein – Optimist!

Oder:
> Kaum zu glauben, aber wahr:
> Opa wird heut 80 Jahr!
> Frisch und jung ist er geblieben,
> sorgt noch stets für seine Lieben.
> Glück, Gesundheit, kein Gekränkel
> wünschen Kinder und die Enkel.

Namenstag soll sein

Mir fehlen fast die Worte:
Heut gibt's Kaffee und Torte
und große Schmauserein,
denn Namenstag soll sein.
Den Kuchen – nur vom besten! –
laß dir und deinen Gästen
gut munden. Doch vom Glück
wünsch ich dir's größte Stück!

*Ein Kind gratuliert
zum Namensfest*

Heut zu deinem Namensfeste
wünsch ich dir das Allerbeste.
Kann dir freilich gar nichts schenken
als ein herzliches Gedenken;
denn ich bin ja noch so klein.
Immer wird das nicht so sein!
Bin ich groß, dann sollst du sehen,
werde ich dir zur Seite stehen,
werde deine Arbeit tun,
und du darfst im Lehnstuhl ruhn!

Volkstümlich

Drei alte Tanten zum Namenstag

Die erste alte Tante sprach:
„Wir müssen nun auch dran denken,
was wir zu ihrem Namenstag
dem guten Sophiechen schenken."
Darauf die zweite Tante kühn:
„Ich schlage vor, wir entscheiden
uns für ein Kleid in Erbsengrün,
das mag Sophiechen nicht leiden."
Der dritten Tante war das recht:
„Ja", sprach sie, „mit gelben Ranken!
Ich weiß, sie ärgert sich nicht schlecht
und muß sich auch noch bedanken."

Wilhelm Busch

Einer Freundin zum Namenstag

Heut an deinem Namenstage
wünsche ich das Beste dir,
daß dein Herz stets für mich schlage,
(liebe Anna), wünsch ich mir!
Könntest du ins Herz mir blicken,
meine heiße Liebe sehn,
oh, ich würd', dich zu beglücken,
gerne alle Wege gehn!
Mögen noch der Tage viele
glücklich uns beisammen sehn,
und wir hin zum schönen Ziele
Hand in Hand verschlungen gehn!

Unbekannter Verfasser, 19. Jahrhundert

Doppelte Freude zum Namenstag

Liebe Oma (Tante), wir sind da,
und wir schreien laut hurra!
Denn dein Namenstag ist heute,
und das Haus ist voller Leute.
Welch ein Trubel, Heiterkeit
grade zu der Kaffeezeit,
und du wirst nun, wie seit Jahren,
deine Torte uns auffahren,
deine Kuchen, selbstgebacken,
und du läufst dir schief die Hacken,
um uns alle sattzumachen.
Oh, wir können schmausen, lachen!
Eigentlich gebührte dir
unser ganzer Dank dafür.
Doch wir spachteln alles rein;
die Geschenke sind nur klein,
die wir dir gegeben haben.
Doch du liebst uns alte Knaben,
liebst die Kinder, liebst die Jungen,
bist wie wild herumgesprungen.
Du bedienst uns ganz perfekt;
wir nur haben dein Haus verdreckt,
garantiert! Ich sag dir bloß:
Deine Freude wird doppelt groß,
weil wir hier, und du wirst sehen,
nochmals, wenn wir – wieder gehen!

Dem Großvater zum Namenstag

Ich und mein Schwesterlein,
sind wir auch noch so klein,
wir tun es doch den anderen nach
und wollen heute am Namenstag
die Stimmchen froh erheben:
Der liebe Großpapa soll leben!

       Volkstümlich

Prost dem
P – A – U – L – C – H – E – N

P rost zu deinem Namenstag.
A us der Ferne kommt der Gruß,
U nd ich wünsch dir ohne Plag':
L iebe, Wohlstand und Genuß!
C hristlich lebe ohne Groll.
H ör, ich leer auf dich im Nu
E inen ganzen Becher voll!
N un, was sagst du denn dazu?

Pfingsten

Pfingsten ist heute, obwohl es eines der höchsten Feste der Christenheit ist, etwas in der Gunst der Öffentlichkeit zurückgefallen. Auch der ökonomische Aufwand zu den beiden Feiertagen ist in keiner Weise mit den beiden anderen herausragenden Kirchenfesten Ostern oder Weihnachten zu vergleichen. Pfingsten, fünfzig Tage nach Ostern zu feiern, ist ein Fest mit jährlich wechselndem Datum, je nach dem Stande des Vollmondes nach Frühlingsanfang.
Für heimische Pfingstumzüge und Folklore bleibt in der heutigen „modernen" Zeit nur noch wenig Geduld und Organisationsbereitschaft. Trotzdem, in manchen kleinen Städten und in ländlichen Gemeinden finden noch Veranstaltungen mit Trachten- oder Schützenzügen statt; und sei es auch nur, um Touristen zum Spektakel anzulocken. In der Familie hingegen sollte ein kleines Glückwunschgedicht am Morgen des ersten Pfingsttages oder ein Spruch auf einer fröhlichen Blumenkarte zum Pfingstfest nicht fehlen.

Pfingsten

Wissen die Kinder auch zumeist
noch nicht viel vom Heiligen Geist,
die Hauptsache spüren sie fein und rein:
Heut müssen wir fröhlichen Herzens sein.

Gustav Falke

Wanderlust

Morgen müssen wir verreisen,
und es muß geschieden sein.
Traurig ziehn wir unserer Straßen,
lebe wohl, Herzliebchen mein!
Kommen wir zu jenem Berge,
schauen wir zurück ins Tal,
schauen uns um nach allen Seiten,
sehen die Stadt zum letztenmal.
Wenn der Winter ist vorüber,
und der Frühling zieht ins Feld,
will ich werden wie ein Vöglein,
fliegen durch die ganze Welt.
Dahin fliegen will ich wieder,
wo's mir lieb und heimisch war,
Schätzlein, muß ich jetzt auch wandern,
kehr ich heim doch übers Jahr.
Übers Jahr zur Zeit der Pfingsten
pflanz ich Maien dir ans Haus,
bringe dir aus weiter Ferne
einen frischen Blumenstrauß.

August Heinrich Hoffmann von Fallersleben

Pfingsten

Pfingsten ist's! Noch grünt der Mai,
und ich komme bei dir vorbei,
in der Hand das Birkengrün
und ein paar Blumen, die jetzt blühn.
Mit dem Maigrün schmück dein Haus,
schau vergnügt dann draus heraus.
Pfingsten! Lieblich ist das Fest,
das sich fröhlich feiern läßt,
auch wenn mal der Himmel weint
und die Sonne nicht mehr scheint:
Wir sind froh, mit heiterem Sinn;
die Sonne scheint – im Herzen drin!

Pfingstbettelverse für Kinder

Wir wollen unsern Herrn Pfingstlümmel rumfahren.
Ihr werdet uns doch nicht gleich davonjagen?
Wir fahren vorbei vor eurem Haus,
langt uns nur brav Kuchen und Gackeier raus.
Kuchen raus, Gackeier raus,
oder wir schlagen ein Loch ins Haus!

                              Aus Süddeutschland

Veilchen, Rosen, Blümelein,
wir singen um dich, Küchelein.
Der Herr, der hat eine schöne Tochter,
sie hat das Haar schön geflochten.
Den Kuchen raus, Kuchen raus,
Glück und Heil ins Herrenhaus.

Volksgut

*Sommeransingen
(zum Sommeranfang oder
in der Johannisnacht)*

Strih strah Stroh,
der Sommertag ist do.
Ich hör die Schlüssel klingen.
Was werden sie uns denn bringen?
Roten Wein und Brezeln drein!
Und was noch dazu?
Ein Paar neue Schuh'!
Strih strah Stroh,
der Sommertag ist do.
Im Sommer schlägt die Nachtigall,
da freun sich die kleinen Vöglein all.
Strih strah Stroh,
der Sommertag ist do.

Volksgut

Nun kommen wir gegangen
mit Spießen und mit Stangen
und wollen die Scheite langen.
Sankt Johann die Sonne wend'.
Feuerrad bergrunter rennt.
Unglück zu Asche brennt.
Eisenkraut und Rittersporn,
Sankt Johannes, schenke Korn!
Feuerrote Blümelein,
Sankt Johannes, schenke Wein!
Gebt uns ein paar Dreier
oder Bier und Eier.
Besen sind auch nicht teuer,
sei's ein alter oder neuer,
taugt er nur zum Johannesfeuer.

Volkstümlich
(Mit diesem Spruch sammeln Burschen
Holz fürs Johannisfeuer oder Essen,
Bier und Wein.)

Pfingsten

*Einladung zum
Mittsommernachtstanz*

Mit flatternden Wimpeln
zu frohem Saitenklang,
ziehn fröhlich wir heute
den Sommerweg entlang.
Feldblumen blühn,
die Wiese ist so grün.
Durch Wald und dunkle Auen
wollen wir ziehn.

Wir lachen und singen,
und du schließt dich nicht aus.
Wir tanzen und springen,
da bleibt kein Schelm zu Haus.
Ich lad dich ein
mit Schwung dabei zu sein,
komm mit zum heit'ren Tanze,
das wäre fein!

(Melodie: „Hinaus in die Ferne")

Verlobungs- und Hochzeitsfeste

Die Hochzeit ist das schönste Fest, das „höchste" im Leben eines jeden jungen Paares. Ob die Verbindung Bestand haben wird, muß sich erst erweisen. Der Treuebund wird neu verbrieft durch die nachfolgenden Hochzeitstage und ihre runden Feste; mögen sie nun Rosenhochzeit, Silberhochzeit, goldene Hochzeit, eiserne Hochzeit, diamantene Hochzeit oder Gnadenhochzeit heißen. Erst das Heraufsteigen dieser Erfolgsleiter schweißt ein Paar von Menschen für die Ewigkeit zusammen, und „die Liebe höret nimmer auf"!

Ehespruch

Das ist die rechte Ehe,
wo zweie sind gemeint,
durch alles Glück und Wehe
zu pilgern treu vereint:
Der eine Stab des andern
und liebe Last zugleich,
gemeinsam Rast und Wandern,
und Ziel das Himmelreich.

Emanuel Geibel

Einem erstmals Verliebten

Was haben wir jüngst aus der Zeitung vernommen?
Was ist uns im Rundfunk zu Ohren gekommen?
Was filmte fürs deutsche Fernsehen sogar
diskret die „Versteckte Kamera"?
Der (Sascha) wurd jüngst von der (Rosi) gesehn,
es war im Park beim Spazierengehn:
Er saß da doch wirklich im Park auf der Bank
mit einem Mädel, gar schön und gar schlank.
Sie hielten dort Händchen ganz vertraut,
und sie haben sich still in die Augen geschaut,
die beiden Verliebten, so muß man sie nennen,
und der (Sascha) war gar nicht wiederzukennen.
Wie mutig der Kerl ist; jetzt gibt's kein Zurück.
Oh, (Sascha)! Du bist doch ein „geiles" Stück;
jetzt gehst du aufs Ganze! Und ich – wünsche Glück!

Spruch zur Verlobung

Ohne Zwietracht, ohne Leid,
voller Glück und Sonnenschein,
so ist die Verlobungszeit.
Mög' der Ehstand auch so sein!

*Einem jungen Mädchen
als Rat vor der Verlobung*

Wenn einen Freund du wählst,
so sei es kein mieser;
und wenn ihr Liebe macht,
nehmt einen Pariser.

Zur Verlobung

Ich wünsch euch – einem mit dem andern –
ein fröhliches Zusammenwandern
getrosten Mutes, Hand in Hand,
hinein in ein glückliches Zukunftsland.
Was ihr erreicht, wo ihr auch schreitet,
was euch das Leben alles bereitet
an Freuden und Leiden, an Glück und Pein:
ihr sollt stets eins und einig sein!

Neueres Volksgut

Zur Verlobung

Wie ist der Tag willkommen,
der heut uns freundlich lacht,
nun leuchtet klar die Sonne,
wo kurz vorher noch Nacht.
Und in das frohe Drängen
und in den Jubelsang
schleicht sich auch meiner Stimme
altwohlbekannter Klang.
Nun habt ihr ja errungen
der Sehnsucht holden Preis,
nun ist es auch geheiligt,
was mancher stille weiß.
Der Eltern frohe Blicke
ist mehr als Lob der Welt,
und stille, treue Liebe
weit mehr als Gut und Geld.
Und meine Wünsche werden
auch heute fröhlich laut:
Euch Heil im schönsten Stande,
als Bräutigam und Braut!
Euch ewig schöne Stunden,
ein Leben voller Glück!
Und denkt in treuer Liebe
auch an den Freund zurück.

Volkstümlich um 1900

Einem Freunde zur Verlobung

Mein Freund, wo nehm ich Worte her,
ob dieser neuen Wundermär?

Ist's wirklich möglich, ist es wahr?
Mein Teurer! Oder träum ich gar?
Es wundert sich die ganze Stadt,
daß sich mein Freund entschlossen hat;
nach langer Jahre Einsamkeit
ist er zur Hochzeit jetzt bereit.
Bravissimo! Nicht mehr allein
will er in seinem Hause sein
und Trübsal blasen Tag und Nacht;
fürwahr, das hat er gut gemacht.
Der Mensch ist für die Lebenszeit
bestimmt zu der Geselligkeit,
geschaffen, um zu sein ein Paar,
wie's schon in Noahs Kasten war.
Was nützt dem Jüngling Gut und Geld?
Ihn ekelt an die ganze Welt,
er irrt auf ihr herum allein,
und nichts mag dauernd ihn erfreun.
Kein Mensch teilt mit ihm Glück und Schmerz,
kein „Helf dir Gott" erfreut sein Herz,
wenn er in seiner Kammer niest
und alles öd und stille ist.
Drum sei dem Bräutigame Heil!
Er wählte sich das beste Teil.
Heil auch der Braut, so hold und zart,
mit der die Liebe ihn gepaart!
Kling hell, mein Lied, ertöne laut –
hoch lebe Bräutigam und Braut!
Gesundheit, Friede, Glück und Heil
werd' unserem lieben Paar zuteil.

Aus: „Der Gelegenheitsdichter"
19. Jahrhundert

Zur Verlobung

Hochsommer ist's. Die Abendluft
regt die Kastanienfächer
und hauchet des Jasminen Duft
hinein in die Gemächer.
Was ich so lang verborgen trug,
nicht länger kann ich's tragen!
Wie dir mein Herz entgegenschlug,
nun muß ich's sagen, sagen!
Wo ist mein Stolz, so hochgesinnt?
Kein Wort will heute taugen!
Es steht vor dir ein stammelnd Kind
mit Tränen in den Augen.
Du schaust mich an – ein Nicken nur!
Ans Herz darf ich dir fallen! –
O Gott, in Rosen steht die Flur,
durchjauchzt von Nachtigallen!
Es wird das Mondlicht silberbleich
zum Maiensonnenscheine;
ich hab das ganze Himmelreich
in dir, du Einzig-Eine!

Emil Rittershaus

Verlobungstelegramm

Der (Andi) fand die Frau fürs Leben,
und heute soll's Verlobung geben.
Da ich noch in der Fremde weile,
send ich dies Telegramm in Eile.
Ich wünsche euch das Beste
zu eurem schönsten Feste!

Zu Evas Verlobung

Als die Eva den Adam
sich zu ihrem Ehemann nahm:
Ob die da Verlobung machten,
oder sich ins Fäustchen lachten?
Eva hat sich heut verlobt,
und ihr Freund hat nicht getobt,
weil es kein zweites Frauchen gibt,
das er so wie Eva liebt!

*Wenn der große Bruder
oder die große Schwester
sich verlobt*

Zur Verlobung wünsch ich dir
Glück und Segen für und für.
Bisher warst du ganz allein,
doch ab heute geht's zu zwein.
Machst alleine keinen Schritt,
immer geht dein Schatten mit,
der dich aber nicht bewacht,
der dirs Leben leichter macht.
Ziehen zwei an einem Strang,
ziehen sie ein Leben lang,
ohne sich im Streit zu trennen,
deshalb solltet ihr euch kennen,
wenn ihr diesen Schritt nun wagt.
Doch ich glaub, daß ihr nie klagt,
denn ihr seid euch herzensgut,
habt die Kraft und habt den Mut,
um gemeinsam zu bestehen:
mög's euch immer wohlergehen!
Lieber Bräutigam, liebe Braut,
vorwärts! Nicht zurückgeschaut,
Glück und Freude, ist doch klar,
wünsch ich euch für siebzig Jahr'!

*Segenswünsche
für das Brautpaar*

Mit viel Liebe und mit Küssen
soll das Leben euch verfließen,
bis der schöne Tag erscheint,
der für immer euch vereint.

Volksgut

Hochzeitslader in Bayern

Der „Schmuser" spricht:
Grüß Gott! Wir laden zur Hochzeit ein;
eine schlichte Vermählung soll es sein,
so an siebzig Personen, vielleicht auch hundert,
worüber sich hier im Ort niemand wundert.
Der Helmut und die Kathrin sind Bräutigam und Braut,
da hat wohl so mancher dumm geschaut.
Solch schmuckes Paar gibt es kein zweites nicht,
drum lad ich euch ein, macht ein fröhlich Gesicht!
Nur Freunde und Verwandte werdet ihr finden,
wenn wir der Kathrin den Hochzeitskranz winden.
Auch wird viel geboten an Trinken und Essen,
da wär es nett, das „Mahlgeld" nicht zu vergessen.
Jedoch daran soll das Fest nicht scheitern,
wir wollen schmausen und uns erheitern
bei Rindfleisch und Nudeln, Bier, Schnaps und Knödel,
danach gehts zur Trauung ohne Getrödel;
und hat der Herr Pfarrer den Segen gesprochen,
dann geht es zum Schmause, denn nichts darf verkochen.
Drei „Richten" soll es zu dem Festschmaus geben,
damit läßt sich einigermaßen leben:

Denn Suppe und Würste, Kraut, Knödel und Braten
sind ganz gewiß schmackhaft und gut geraten.
Als zweiten Gang gibt es dann Kalbfleisch und Reis,
und zur dritten Richt Schweinernes, wie ich weiß.
Als Nachtisch kommen süße Krapfen und Torte,
dazwischen gibt es Tischreden und passende Worte.
Und wer dann noch nicht satt ist, auch das ist schnuppe,
ißt zum Schluß noch eine kräftige Gerstensuppe.
Mit Singen und Tanz wird die Zeit vergehen.
So feiern wir die Hochzeit, und die wird schön.
Eine Brotzeit zum Schluß noch, und dann ist's aus;
dann gehen die Gäste zufrieden nach Haus,
denn das junge Paar, sind die Gäste aus dem Tor,
hat in der Nacht dann die schwierigste Arbeit vor!

Brautlied

Wir winden dir den Jungfernkranz
mit veilchenblauer Seide.
Wir führen dich zu Spiel und Tanz,
zu Glück und Liebesfreude.

Friedrich Kind

Alte Reime für Hochzeitsbitter

Herein komm ich geschritten.
Ganz gehorsam tu ich grüßen und bitten:
Glück und Friede sei in diesem Haus,
alles Unglück bleibe ferner aus!
Ist der Herr Wirt oder die Frau Wirtin herein?
Gut Botschaft soll zu vernehmen sein.
Es bittet der Herr Gastgeber, morgen Uhre neun
wollet ihr all seine lieben Gäste sein.
Der Herr Bräutigam und die Jungfrau Braut,
die werden morgen schon getraut.
Auch hätte ich noch bald vergessen,
euch zu erinnern an Gabeln und Messer,
die muß ein jeder in der Tasche mit haben,
damit ihr euch könnet an Fleisch und Braten laben.
Gehabt euch wohl, macht auf die Tür,
ich muß jetzt reisen fort von hier.
Hab ich diese Worte nicht recht gesprochen,
so gebt mir das Fleisch, ihr behaltet die Knochen.

Aus Preußen

Hochzeitslied

Aus der Eltern Macht und Haus
tritt die züchtige Braut heraus
an des Lebens Scheide –
geh und lieb und leide!
Freigesprochen, unterjocht,
wie der junge Busen pocht
im Gewand von Seide –
geh und lieb und leide!
Frommer Augen helle Lust
überstrahlt an voller Brust
blitzendes Geschmeide –
geh und lieb und leide!
Merke dir's, du blondes Haar:
Schmerz und Lust Geschwisterpaar,
unzertrennlich beide –
geh und lieb und leide!

      Conrad Ferdinand Meyer

Mutters Warnung vor dem Freien

Bräutigam:
Ich habe mein Feinsliebchen im Hemtenem
so lange nicht gesehen,
so lange nicht gesehen, aha!
Ich sah sie gestern abend im Hemtenem
wohl an der Türe stehen,
wohl an der Türe stehen.
Sie sagt', ich sollt' sie küssen,
die Mutter sollt's nicht wissen,
die Mutter hat's gesehen.

Mutter:
Mein Kind, du willst schon freien?
Es wird dich bald gereuen,
es reuet dich gewiß!
Wenn andere junge Mädchen
von ihrem Spinnerädchen
wohl auf den Kuhschwof gehen,
mußt du als junges Weibchen
mit deinem zarten Leibchen
wohl an der Wiege stehen
und singen: „Eia popeias,
schlaf wohl, mein liebes Kleines,
schlaf du in guter Ruh,
tu deine Äuglein zu!"

Das Feuer brennt so sehre,
die Liebe noch viel mehre.
Das Feuer kann man löschen,
die Liebe nicht vergessen.

Volksgut

Brautlied

Welch ein Scheiden ist seliger
als zu scheiden von Mädchentagen?
Welch ein Klagen ist fröhlicher
als in Myrten um Veilchen klagen?
Da dein Schifflein im Hafen lag,
meerwärts oft sich die Wimpel regten,
ob auch heimischer Wellenschlag,
Land und Himmel es treulich hegten.
Nun die Anker gelichtet sind,
o wie köstlich die Fahrt ins Weite!
Düfte schwimmen im Frühlingswind,
und du lächelst an s e i n e r Seite.
Manch ein segnender Seufzer schwingt
sich ins Segel, es lind zu schwellen.
Laß dies Lied, das die Liebe singt,
sich als günstigen Hauch gesellen.

                                               Paul Heyse

Der holden Braut

Der holden Braut zu Ehren
ein volles Glas zu leeren
wird niemand mir verwehren;
auch stimmen alle fröhlich ein:
Die schöne Braut soll glücklich sein!

                                               Volkstümlich

Einer Braut zum Abschied

Hier, unterm Blick prophetischer Sterne,
weih ich dies Hochzeitsfest voraus:
Tief schaut die Muse in die Ferne
des bräutlichen Geschicks hinaus.
Wie golden wirkt die neue Schwelle
des Lebens jedem jungen Paar!
Doch weiß man, daß nicht stets so helle
der Mittag wie der Morgen war.
Heut aber seh ich schöne Tage
blühn in gedrängter Sternensaat,
entschieden liegt schon auf der Waage,
was dieses Paar vom Schicksal bat.
Hast, Liebchen, du der Jugend Blüte,
Anmut und Liebenswürdigkeit,
all deines Herzens lautere Güte
kühn deinem Einzigen geweiht;
läßt du der Heimat Friedensauen,
so manch ein lang gewohntes Glück,
um dir den eigenen Herd zu bauen,
halb wehmutsvoll, halb froh zurück:
Getrost! So darf ich laut es zeugen,
ein würdig Herz hast du gewählt;
selbst böser Neid bekennt mit Schweigen,
daß nichts zu deinem Glücke fehlt.
Denn Heiterkeit und holde Sitte,
wie Sommerluft, durchwehn dein Haus,
und, goldbeschuht, mit leisem Tritte
gehen Segensengel ein und aus.

                           Eduard Mörike

An Schwester Nannerl

Du wirst im Eh'stand viel erfahren,
was dir ein halbes Rätsel war.
Bald wirst du aus Erfahrung wissen,
wie Eva einst hat handeln müssen,
daß sie hernach den Kain gebar.
Doch, Schwester, diese Eh'standspflichten
wirst du von Herzen gern verrichten,
denn, glaube mir, sie sind nicht schwer.
Doch jede Sache hat zwei Seiten:
Der Eh'stand bringt zwar viele Freuden,
allein auch Kummer bringet er.
Drum, wenn dein Mann dir finstere Mienen,
die du nicht glaubest zu verdienen,
in seiner üblen Laune macht,
so denke, das ist Männergrille,
und sag: Herr, es gescheh dein Wille
bei Tag, und meiner in der Nacht.

Wolfgang Amadeus Mozart

*Versprochen
mit einem Engel*

Beschützt von einem Engel,
so ziehst du nun durchs Land.
Es gab ein wilder Bengel
dem Engel seine Hand.
Er schwur dem Engel einsam
die Treu', und das ist schön;
weil beide nun gemeinsam
durchs Eheleben gehn!

*Die ehemaligen Schulfreundinnen
telegrafieren der Braut*

Manche Mädchen werden schlau,
werden plötzlich Ehefrau,
pfeifen auf den Jungfernstand,
zeigen's allen hier im Land,
daß, wer wagt und sich nicht ziert,
bald den schönsten Mann heimführt;
mit ihm scherzt und glücklich ist
und die Freundinnen vergißt.
Dann nach Scherz und Sonnenschein
kommen bald auch Kinderlein.
Man entsinnt sich erst nach Jahren,
daß da auch noch Freunde waren.
Wir doch mahnen im Gedicht:
Liebe X, vergiß uns nicht!
Denk in deinem großen Glück
trotzdem mal an uns zurück!

*Der Braut (von ihren
ehemaligen Mitschülerinnen)*

Wirst du uns jetzt vergessen,
da du nur einen liebst?
Du warst wohl ganz versessen
darauf, daß du ihn kriegst!
Jetzt hast du ihn am Bändel,
der dir der Liebste ist.
Schön wär's, wenn beim Getändel
du uns nicht ganz vergißt!

Der Bräutigam spricht

Auf, Liebe! Laß kein Mißbehagen
uns nehmen unsere Himmelsruh';
was soll uns Toren Sorge plagen
und Gottes Eden schließen zu!
Daß etwa Fürsten nicht verklären
mit Adelstiteln unser Blut?
So glänzen wir in besseren Ehren,
sind wahrlich edel und – sind gut!
Wer unseren Namen nur wird nennen,
dem soll er klingen süß und hold;
und mancher Große soll bekennen,
der Ruhm ist etwas mehr als Gold.
Wenn uns des Glückes Eigenwille
auch keine schweren Schätze leiht,
so finden wir in Armut Fülle,
in Mäßigung Zufriedenheit.
Sooft das Jahr wird wiederkehren,
wird es uns Segen genug verleihen;
für wenige Wünsche viel gewähren,
für wenige Mühe hoch erfreuen.
So leiten wir mit frohem Schritte
uns Hand in Hand durchs Leben nett.
Die süße Ruh' krönt unsere Hütte
und süße Kinder unser Bett.
Wie wird es dich, wie mich vergnügen,
wenn um mein Knie sich jedes schlingt,
und dich mir in den zarten Zügen,
im Lallen dich mir wiederbringt.
So schleicht uns dann, wie ferne Lieder,
des Lebens Abend sanft herbei:

Du lebst in deinen Mädchen wieder,
ich blüh in meinen Buben neu.

Johann Gottfried Herder

*Der abgewiesene „Nebenbuhler" –
ganz durcheinandergeschüttelt*

Ich kann nicht richtig froh sein:
Wer ahnte, du würdest so frein?
Ich könnt aus diesem Grund heulen,
das tät den ärmsten Hund „greulen"!
Dein Glück mag dir der Wind künden;
ich will mich nicht wie ein Kind winden,
nicht unter meiner Last „ach-en":
Du könntest dir einen Ast lachen!

Dem Bräutigam

Wo du nun wandelst, da wandle ich auch,
da folg ich und bin es zufrieden;
vom ersten Kuß bis zum letzten Hauch –
nun werden wir nimmer geschieden;
vom seligen „Ja" vor dem Traualtar
bis zum bittern „Ade" an der Totenbahr'! –
Wir bleiben beisammen hienieden.

Karl Gerok

Dem Brautpaar

Edler Bräutigam! Schöne Braut!
Heute wurdet ihr getraut.
Drum ihr Hochbeglückten beide
überlaßt euch ganz der Freude.
Das Gefühl,
an dem Ziel
sich zu sehen, gibt Seligkeit.
Wandelt dann mit frohem Sinn
durch die Welt auf Rosen hin.
Macht den Himmel eurer Liebe
je ein kleines Wölkchen trübe,
seht euch an,
küßt euch dann –
und das Wölkchen wird entfliehn!
Eure Liebe welke nie,
wie der Efeu grüne sie;
oh, sie schenkt euch, teure beide,
noch im Greisenalter Freude.
Immer sei
Lieb' und Treu'
eures Lebens Führerin.
Treue, Lieb' und Häuslichkeit,
oh, wer diesen ganz sich weiht,
nie zu hoch die Wünsche spannt,
Eitelkeit und Stolz verbannt;
fühlet doch
Freuden noch
da, wo andere trostlos sind.

Aus dem 19. Jahrhundert

*Einem Paar, das Spaß versteht,
zum Polterabend*

Ein Auge hatte wohl geworfen
die (Karin) auf 'nen feschen,
doch etwas schüchternen jungen Mann,
drum tat sie gleich vorpreschen.
„Den oder keinen", meinte sie,
„der geht mir in die Netze."
Viel Zweifel plagten sie wohl nie,
sie dacht nur: Auf die Plätze!
Die (Karin) ist emanzipiert,
da hat sie ihn gefragt;
und (Udo) ist ein höflicher Mensch,
drum hat er „ja" gesagt.
Jetzt treten sie in den Ehestand,
da gibt es keine Reue;
es gehen beide Hand in Hand
und halten ewige Treue!

*Der Bräutigam
rüstet sich zur Hochzeit*

Hans balbier mich, Hans balbier mich,
Hans balbier mich heute.
Hans balbier mich hübsch und fein,
morgen soll die Hochzeit sein.
Wirst du mich nicht gut balbieren,
werd ich dir den Puckel vollschmieren.

                        Aus Preußen

*Erfolglose Werbung
(am Polterabend aufzuführen)*

Bube: Wir zeigen euch ein kurzes Stück.
(Zum Brautpaar) Bei euch ging's anders aus,
zum Glück!
Mädchen: Hänschen saß im Schornstein
und flickte seine Schuh'.
Bube: Da kam ein hübsches Mädchen
und sah ihm zu.
Mädchen: Sie sah ihm zu und dachte,
den nimmst du nicht,
der hat zwei linke Hände,
und blöd ist, was er spricht.
Bube: Mädchen, willst du freien,
so freie dich mit mir.
Ich habe noch zwei Dreier,
die will ich geben dir!
Mädchen (schnippisch): Zwei Dreier sind zuwenig,
zwei Groschen sind zuviel:
da bleib ich lieber ledig
und tue, was ich will!
Bube: Wir zeigten euch ein kurzes Stück.
Bei euch ging's anders aus, zum Glück!

Volkstümlich

(Dreier = kleine Kupfermünze; im vorigen Jahrhundert kostete
eine Semmel einen Dreier. Für einen Groschen bekam man
ungefähr vier Semmeln.)

*Auf eine Vermählungskarte
zu schreiben*

Ihr habt euch g e t r a u t,
seid nun Bräutigam und Braut.
Jetzt geht ihr zusammen
auf der Lebensbahn.
Bleibt immer vereint!
Dies wünscht euch euer Freund.

Helmut aus München

L. G.

Liane, die Gute,
will Günther
entführen!
Drum wollen auch wir heut
zum Fest gratulieren!

*Das Kleinste
gratuliert*

Ich kann noch nicht
ein langes Gedicht
hersagen laut:
Ich wünsche der Braut,
die mich anschaut,
und ihrem Mann,
so gut ich kann
Liebe, Glück und Segen
auf allen Wegen!

Der kleine Hochzeitsgast

Warum ich so gern auf die Hochzeit geh?
Weil ich dort so viel Nettes und Schönes seh!
Blumen und allerlei süße Sachen,
welche ein Kinderherz fröhlich machen.
Kuchen und Torten
von allen Sorten;
Braut und Bräutigam seh ich in voller Pracht,
auch die Schwiegermama hat sich feingemacht
und lächelt zufrieden in glücklicher Ruh'
dem stattlichen Schwiegersohne (der ... tochter) zu.
Aus hundert Kehlen klingt es laut:
„Es leben der Bräutigam und die Braut
hoch, hoch und noch höher – immerdar
glücklich und zufrieden
von jetzt an mindestens noch
über 50 Jahr!"

Volksgut aus neuerer Zeit

Ein bißchen Spaß muß sein

Ein schlimmer Bengel hat es geschafft,
er kam in die „Gefängnishaft"
auf lebenslänglich – wie ich sehe,
denn sein „Gefängnis" ist die Ehe.
Die Strafe aber ist milde genug:
er sitzt im humanen Strafvollzug.

Mit einer Tischdecke

Wollt ihr ein glücklich Los erzielen,
müßt ihr im Ehestand
stets unter einer Decke spielen,
stets wandeln Hand in Hand!
Wollt ihr nicht böse Zungen wecken,
die stören euer Glück,
müßt ihr die Mängel zart bedecken
und schwächen Stück für Stück!
Wollt ihr, daß Freunde euch besuchen,
so decket gern den Tisch!
Bedeckt ihn flink mit Wein und Kuchen,
mit Frikassee und Fisch!
Doch weil man dazu haben muß
Gedecke mancherlei,
so pack ich endlich zum Beschluß
euch auch ein Deckchen bei!

Ende des 19. Jahrhunderts

*Dem großen Bruder
zur Vermählung*

Heute hat mein Brüderlein
großes Hochzeitsfest,
und ich will nicht traurig sein,
daß er mich verläßt.
Denn er geht nicht aus der Welt,
und mir bleibt ein Trost:
Er hat eine schöne Frau,
die ihn liebt und kost!

Ein Engel gratuliert zur Hochzeit

Vom Himmel kam ich in die Stadt,
weil irgend jemand Hochzeit hat.
In diesem Hause soll es sein,
drum stell ich mich als Engel ein,
dem Brautpaar lieb zu gratulieren.
Sie sollen eine gute Ehe führen
von heute an wohl 60 Jahr,
wenn das gelingt, wär's wunderbar.
Dies ist die Botschaft, die zur Nacht
vom Himmel ich hab mitgebracht.
Sonst hab ich nichts. Auch die Geschenke
hab ich vergessen, und ich denke
vor Aufregung kann das passieren,
und besser, als den Kopf verlieren
ist's allemal! Bleibt immer heiter…
O je, jetzt weiß ich nicht mehr weiter,
und … ich vergeß noch in der Eile
die letzte Silbe dieser … dieser .. Zei..!

Sinnsprüche über Liebe und Ehe

Die Liebe ist ein Feuerzeug,
das Herzchen ist der Zunder,
und kommt ein kleines Flämmchen dran,
so brennt der ganze Plunder.

Aus Preußen

Braut und Bräutigam küssen sich,
andre Leute wissens nicht.
Braut und Bräutigam vertragen sich,
andre Leute schlagen sich.

Aus Berlin

Heirat ist kein Pferdekauf.
Blinder, tu die Augen auf!
Wer sich nicht tut recht bedenken,
der wird sich vergeblich kränken
seinen ganzen Lebenslauf.
Blinder, tu die Augen auf!

Aus Preußen

Beneidenswerter Bräutigam

Traun! Der Mann ist Neides wert,
dem sein Gott ein Weib beschert,
schön und klug und tugendreich,
sonder Falsch, den Täublein gleich.
Seiner Wonne Maß ist groß,
seine Ruhe wechsellos;
denn kein Kummer nagt den Mann,
den solch Weiblein trösten kann.
Gleich des Mondes Silberblick
lächelt sie den Gram zurück,
küßt des Mannes Tränen auf,
streut mit Blumen seinen Lauf...

Aus dem 19. Jahrhundert

*Zur Legalisierung
einer „Beziehungskiste"*

Was ist aus der Beziehungskiste,
die euch geprägt, geworden?
(Der Lutz) die weiße Fahne hißte,
jetzt kriegte er 'nen Orden.
Nein, Orden nicht! Ein Ring am Finger
zeigt: zwei gehören zusammen!
Und sind auch „unwichtig" die Dinger,
die Herzen stehen in Flammen.
Jetzt könnt ihr machen, was ihr wollt,
und was ihr vorher machtet,
doch mit dem Vorsatz: Treu wie Gold!
Auch wenn das Auge schmachtet.
Mit Gaben werdet ihr belohnt,
mit Blumen und Geschenken,
und wenn ihr jetzt zusammenwohnt,
hat niemand mehr Bedenken.
Und außerdem: Gibt es Probleme,
könnt ihr sie besser lösen,
zu zweit wird's leicht, das ist das Schöne,
im guten wie im bösen.
Und klopft einmal an eure Tür
mit seinen zarten Händen
ganz leise der Gerichtsvollzieh'r:
er kann jetzt b e i d e pfänden!
So ist's doch gut, daß ihr mal eben
euch weiter nicht mehr ziert,
und euren Bund fürs ganze Leben
habt heut legalisiert!

Zum Gelöbnis für eine Lebensgemeinschaft

Zwar holte der Pfarrer euch nicht zum Altar.
Er dachte, ihr seid wohl kein richtiges Paar,
weil ihr nicht Bübchen und Mädchen seid;
und sowas in unserer „modernen" Zeit!
Und doch habt wie Mann und wie Frau ihr gelebt
und immer nach Treue und Freundschaft gestrebt.
Die Liebe war stets euer hehres Ziel,
und was ihr erreicht habt, ist schon sehr viel.
Ihr gabt euch das Jawort; ein zärtlicher Kuß
besiegelt den Bund fürs Leben zum Schluß.
Ein Priester war es, der euch besuchte,
auch wenn darüber die Amtskirche fluchte.
Die Freundschaftssegnung ist trotzdem geschehen,
ihr werdet nie mehr auseinandergehen.
Und wenn keine Hochzeitsglocken euch läuten,
ihr wißt, was sie anderen Paaren bedeuten;
ihr wollt keine Sensationsgeschichten,
doch seid ihr für gleiche Rechte und Pflichten.
Es führt euch kein Weg hin zum Standesamt,
haltet euch trotzdem die Treue mit eisernem Band!
Wer zum Liebsten hält und die Treue kennt,
braucht dazu kein Heiratsdokument!

Liebe – einst und jetzt

Im Mittelalter war's noch schlecht,
da hatten Frauen gar kein Recht.
Sie wurden – ach, du liebe Zeit! –,
dem ersten, besten Mann verfreit.
Da half kein Stöhnen, Grunzen:
es zählten nur die Penunzen.
So dacht' auch Ritter Rußig,
und sprach: „Heiraten muß ich!"
Er nahm ein Weib. Jedoch, o Graus!
Er kam nicht aus der Rüstung raus.
Sie hatte nicht viel gekostet
und war total verrostet.
Niemand hat Hilfe ihm gebracht.
Dem Paar blieb in der Hochzeitsnacht
nur Beten und dann Fasten.
Ob die zusammenpaßten?

Bei euch gab's andere Probleme.
Da war ein Knistern und Gesehne,
da war die Liebe mit ihm Spiele,
es ging auch nicht ums Geld, das viele.
Hans wollt' ein Frauchen, hübsch und fein,
die Helga sollt' die Seine sein.
Und als er sich ihr Herz genommen,
ist er sehr schnell aus dem Anzug gekommen.
Danach nahm alles seinen Lauf;
die Liebe höret nimmer auf!
In fünfzig Jahr sei's noch wie heut.
Ich wünsch euch eine glückliche Zeit,
und daß ihr nie mit der Liebe spart,
das hofft und glaubt Freund Eduard.

Über den Ehestand

Wenn zwei liebende, gleichgestimmte Herzen sich treffen, so hat der Ehestand keine unangenehme Seite. Da wandelt ein Paar gute Menschen Hand in Hand. Wo sie auf ihrem Wege Dornen verstreut finden, die räumen sie fleißig und fröhlich hinweg; wo sie an einen Strom kommen, da trägt der Stärkere den Schwächeren hindurch; wo ein Felsen zu erklettern ist, da reicht der Stärkere dem Schwächeren die Hand. Geduld und Liebe sind ihre Gefährten. Was dem einzelnen unmöglich sein würde, ist den beiden Vereinigten ein Scherz. Und wenn sie dann oben stehen am Ziele, dann trocknet der Schwächere den Schweiß von der Stirne.

Freude und Schmerz kehren immer zugleich bei ihnen ein; nie beherbergt der eine den Kummer, wenn die Freude der Gast des anderen ist.

Ein Lächeln auf beider Wangen, oder Tränen in beider Augen. Aber ihre gemeinsame Freude ist lebhafter als die Freude des einzelnen; ihr gemeinsamer Kummer ist milder als der Kummer des einzelnen; denn Mitteilung erhöht die Freuden und mildert den Schmerz.

So ist ihr Leben ein schöner Sommertag. Auch dann noch schön, wenn ein Gewitter vorüberzog; denn das Gewitter erquickte die Natur und gab neuen Sinn für die unbewölkte Sonne.

So stehen sie Arm in Arm am Abend ihrer Tage unter den Blumen, die sie selbst pflanzten und erzogen, wartend der hereinbrechenden Nacht.

Dann – ja – dann freilich, dann legt einer zuerst sich schlafen, und der ist der Glückliche. Der andere geht umher und weint, daß er noch nicht schlafen kann: – und das ist die einzige unangenehme Seite des Ehestandes.

Aber: Wenn Convenienz und äußere Verhältnisse, Leichtsinn und Launen das Band der Ehe knüpfen, oh, dann hat der

Ehestand keine angenehme Seite. Wo der freie Mann, das freie Mädchen munter und leicht einherschreiten, da schleppt dann der Züchtling seine Ketten hinter sich her.
Überdruß lagert auf beider Stirne. Bilder verscherzter Glückseligkeit, von der Einbildungskraft um so lebhafter ausgemalt, je unmöglicher es wird, sie zu erreichen. Herrliche, reizende Entwürfe des Lebens, die vielleicht auch ohne diese Ehe nie realisiert worden wären, deren Wirklichkeit man aber für ausgemacht hält, wäre man nur nicht angeschmiedet durch unerträgliche Fesseln.
So leiden wir, wo wir sonst geduldet haben würden; so gewöhnen wir uns, den überlästigen Gefährten unseres Lebens als die Ursache allen Übels zu betrachten, welches uns begegnet.
So mischt sich Bitterkeit in unsere Gespräche und Kälte in unsere Liebkosungen, so sind wir gegen niemanden empfindlicher, werden von niemandem leichter beleidigt als von dem Gatten; und was an einem Fremden uns Freude machen würde, läßt an ihm uns gleichgültig.
So schleichen sie mit abgewandten Gesichtern und niederhängenden Köpfen miteinander durchs Leben, bis endlich einer von beiden sich schlafen legt; dann hebt der andere den Kopf freudig empor und atmet mit großen Zügen: Freiheit! – Freiheit! – Und das ist dann die einzige angenehme Seite des Ehestandes. Gebe Gott, daß euch d i e s e Seite erspart bleibt!

August von Kotzebue

Vor dem Aufbruch zur Hochzeitsreise

Die Engel schweben im siebten Himmel,
das ist ein Geflatter und Gewimmel.
So leicht und frei wie ein Engelein schweben
möchte jeder wohl durch sein ganzes Leben.
Zwei junge Menschen haben's geschafft,
sie vertrauten auf der Liebe Kraft
und haben zum Glücklichsein im Leben
sich heute beide das Jawort gegeben.
Lebt fortan nach guter Engel Weise
und schwebt in den Himmel – zur Hochzeitsreise!

*Der holden Gattin zum
Hochzeitstag (vom eigenen
Ehemann vorgetragen!)*

Ich bin der Herr im Hause,
das wäre doch gelacht!
Was meine liebe Frau mir sagt,
das wird sofort gemacht.
So blieben wir zusammen
schon an die 30 Jahr,
und daß es immerfort so bleibt,
das wäre wunderbar!

Der Ehefrau zum Hochzeitstag

Es scheide nicht der heutige Tag
ohn' diesen Freudenruf;
wird er lebendig in mir wach,
war's Liebe, die ihn schuf.
Du bist mein braves, treues Weib,
und dein gedenk ich stets.
Es spricht mein Herz: O Teure, bleib
mir immer so, dann geht's.
Mag immerhin die ganze Welt
nicht sein, so wie sie soll –
ich füge mich; die Lieb' erhält
das Maß des Glücks mir voll.
Und kannst du selber dir gestehen:
Ich hab Zufriedenheit!
Dann sollst du meine Freude sehen
und meine Dankbarkeit.
Nicht eitle Worte sprech' mein Mund,
o Teure, nur die Tat,
sie gebe deinem Herzen kund,
was ich von Gott erbat.
Und was der Himmel mir geschenkt,
bewahr ich's heilig doch;
du bist's, die meine Seele denkt:
Du Teure, lebe hoch!

Aus dem 19. Jahrhundert

*Befreundeten Geschäftsleuten
zum Hochzeitstag*

Wie das Leben nun mal spielt:
Ihr habt euch stets jung gefühlt,
hattet Schwung und habt geschafft,
stecktet eure Arbeitskraft
ins Geschäft, erzogt die Kinder.
Ob im Sommer oder Winter,
ihr wart fit und stets voll da.
Heut zum Fest: Hurra! Hurra!

Zur silbernen Hochzeit

Gottes reicher Segen leite
euch auf eurer Wanderschaft
25 Jahr' wie heute
noch voll frischer Lebenskraft!
Herrlich mit dem Silberkranze
schmückt der schöne Tag euch heut;
bis euch einst im goldenen Glanze
ein noch schönerer erfreut!

Volkstümlich

Liebes Silberpaar

Lieber silberner Großpapa,
liebe silberne Großmama,
der kleine Enkel ist schon da;
er wünscht euch noch viele, viele Jahr',
bis selber er einst am Traualtar,
bis euch umspielt die Urenkelschar
und ihr beide zusammen zählt 200 Jahr':
dies ist mein Wunsch, und er werde wahr!

Mindestens noch weitere 25 Jahre!

Welch ein Schimmer, welch ein Glanz,
Fröhlichkeit, Musik und Tanz,
Gott der Herr hat es gewollt,
daß ihr heute feiern sollt:
25 Jahr' ist's her,
daß zusammen sie und er,
unser schönes Silberpaar!
Nochmals 25 Jahr'
und noch mehr von ganzem Herzen
wünschen wir beim Schein der Kerzen
und bei festlicher Musik:
Bis ans Lebensende Glück;
daß euch Gott in seiner Güte
viele Jahre noch behüte!

Zur Silberhochzeit

Der Ehestand ein Wehestand –,
dies Sprichwort ist gar wohlbekannt.
Allein ein jedes Sprichwort hinkt,
und wem kein Eheglück gelingt,
der frage, wenn sein Kreuz er trägt,
ob nicht die eigene Schuld ihn schlägt!
Wahr bleibt es, daß im Ehestand
manch Herz schon schweres Wehe fand;
doch da voll Prüfung, wie ihr wißt,
ein jeder Stand hienieden ist,
so können Leiden ja allein
dem Ehestand kein Vorwurf sein.
Bei euch, ihr Lieben, ist's nicht so,
ihr wart ja glücklich stets und froh;
ihr habt in 25 Jahren
viel Freude, Glück und Heil erfahren.
Euch hat des Himmels Huld erfreut,
drum danket Gott für alles heut.
Der Gott, der Herz an Herzen reiht,
versüß euch eure Lebenszeit,
schenk euch noch reichen Himmelssegen
auf allen euren Lebenswegen
und spät dereinst die Himmelslust;
dies wünsch ich euch aus voller Brust!

Aus: „Der Gelegenheitsdichter", 19. Jahrhundert

Nachbarn gratulieren

Zu dem Silber gratulieren
heut die (Lübecker) zu vieren!
Wünschen bis zur Gold-Hochzeit
glückliche Gemeinsamkeit!

Zum Hochzeitstag

Professor Doktor Schusselig,
ein Forscher vor dem Herrn
ist sehr zerstreut, und er vergißt
auch Hochzeitstage gern.
Du, liebe Frau, hast lange Zeit
schon mit mir ausgehalten.
Wir beide hatten Freud und Leid
und zählen schon zu den Alten.
Jedoch ein Schusselig bin ich nicht,
der schon verkalkt sein mag.
Ich zeige dir mit diesem Gedicht,
daß unseren Hochzeitstag
ich diesmal nicht vergessen habe.
Dir bin ich immer hold!
Hier hast du eine kleine Gabe;
wir bleiben uns treu wie Gold!

Nochmals 30 Jahre!

Eure Ehe hält, das weiß ich,
heut genau an Jahren 30.
Nochmals 30 Jahre soll
ohne Zank und ohne Groll
sie so halten; das wär toll!

Dem langjährigen Ehepaar

Dem allerbesten Ehepaar,
verheiratet seit (35) Jahr,
sei heut ein großer Dank gebracht.
Dafür wird keiner ausgelacht.
Zusammen schlepptet ihr jede Last,
Probleme waren nie lange zu Gast,
sie wurden immer schnell ausgeräumt
aus eurem Heim. Wenn der Sekt jetzt schäumt,
dann stoßen wir an, weil seit (35) Jahren
ihr euch konntet eure Liebe bewahren.
Wir Kinder waren euch nie Ruhestörer,
wenn eines was braucht, greift es zum Telefonhörer,
und Vati oder Mutti, stellt euch vor,
haben für unsere Sorgen noch immer ein offenes Ohr.
Trotz Arbeit und Mühen im Tageslauf
hört ihre Liebe zu uns nimmer auf.
Wir lieben euch grad so, und wir wünschen das Beste
zum heutigen, einzigartigen Feste.
Auch die Enkel gratulieren euch beiden noch,
und das zufriedene Paar, es lebe hoch – hoch – hoch!

Lebenslang zu zweit

Zweisamkeit, Gemeinsamkeit,
Jahre der Geborgenheit,
etwas Leid, viel Freude!
Feiert darum heute
fröhlich, liebe Leute:
40 Jahr'! Welch kurze Zeit.
Noch 40 drauf in Einigkeit
und lebenslang vergnügt zu zweit!

Rückblick

50 Jahre ginget ihr Seite an Seit'
durch diese Welt, durch Freude, Mühe und Leid.
Alles Schöne hat euch gemeinsam beglückt,
alles Schwere zu gleichen Teilen euch bedrückt.
Ob ihr fröhlich gelacht, ob ihr heimlich geweint,
immer – im Glück, in der Not – wart ihr liebend vereint.
Kinder und Enkel heben zu euch ihren Blick,
wünschen von Herzen bewegt und innig erfreut euch Glück.
Kinder und Enkel stehen fröhlich vor euch,
fühlen in eurer Liebe sich stolz und dankbar und reich.
Sie bitten das Schicksal um eins: daß es euch weiterhin lenkt,
daß es für lange Zeit noch Gesundheit und Freude
euch schenkt.

Verfasser unbekannt

Goldene Hochzeit

Ein seltenes Glück ward heute euch beschieden,
ein Fest vom Himmel, vielen nicht beschert;
ihr habt es erlebt, und Freude, Lust und Frieden
als Lohn für euren treu erprobten Wert.
Es ist der Segen, den euch Gott gegeben,
der würdig beide euch des Glückes fand,
das Fest der goldenen Hochzeit zu erleben;
es ist ein Preis der Tugend zuerkannt.
Ihr wißt die Herzen freundlich zu gewöhnen,
sich liebend eurem Dienste gern zu weihn;
den Abend eures Lebens zu verschönen,
soll immer unser einzig Streben sein.
Wir kommen ehrfurchtsvoll, euch zu begrüßen,
mit tausend Wünschen, eurem Heil geweiht:
Der Zukunft Tage möge Gott versüßen,
und euch erhalten uns noch lange Zeit!

Aus dem 19. Jahrhundert

*Trinkspruch
zur goldenen Hochzeit*

Gesundheit und ein froher Sinn
sei eures Lebens Hauptgewinn.
Für weitere 20 Jahre noch
bleibt beieinander!
Hoch! Hoch! Hoch!

Dem lieben Goldpaar

Heil dem lieben Jubelpaare,
das vereint schon fünfzig Jahre
in der Ehe glücklich lebt!
Zu der goldenen Hochzeitsfeier
töne heut des Sängers Leier,
daß das ganze Haus erbebt.
Seltenes Glück habt ihr genossen,
50 Jahre sind verflossen
seit ihr nun vereinigt seid;
in dem langen Raum von Jahren
habt ihr vielerlei erfahren,
Glück und Unglück, Freud und Leid.
Und ihr teiltet Wohl und Wehe
in der fünfzigjährigen Ehe
wie es Mann und Weib gebührt;
Kinder, Enkel ließt ihr taufen,
wahrlich einen ganzen Haufen,
der den Stammbaum jetzt noch ziert.
Doch der Herr, der sie gegeben,
nahm auch manche aus dem Leben
wieder zu sich in sein Reich;
aber die, die euch geblieben
von den vielen teuren Lieben,
freuen heute sich mit euch.
Dieses Tags sich auch erfreuen
der Verwandten lange Reihen
und Urenkel, welch ein Glück!
Werft auf Kind und Kindeskinder,
auf den Geber auch nicht minder
heute freudig euren Blick!
Dankt dem gütigen Erhalter,
der euch bis ins hohe Alter

ein so treuer Führer war.
Mög' er euch noch ferner geben
Glück, Gesundheit, Freud am Leben
und in Ehren graues Haar!

      Aus dem 19. Jahrhundert

Trinkspruch zur goldenen Hochzeit

Einst wanderte ein Ehepaar
auf schönen grünen Auen;
ihr grünes Kränzlein in dem Haar
war lieblich anzuschauen.
Frisch zog es 25 Jahr'
bis zu dem Silberthrone;
ein Silberkränzlein für ihr Haar
ward billig ihr zum Lohne.
Nun denkt, noch einmal ging's so weit
bis zu der goldenen Höhe,
daß unser Auge die Herrlichkeit
der goldenen Hochzeit sehe.
So segne euch Gott denn ewiglich!
Laßt Frohsinn euch umschweben.
Wir aber rufen freudiglich:
Das goldene Paar soll leben!

      Aus dem 19. Jahrhundert

*Dem Goldpaar –
ein schriftlicher
Glückwunsch*

Ein Goldpaar ist glücklich
auch ohne Gold.
Ich schreib augenblicklich:
Ich bin euch hold!
Ich habe euch lieb,
Ihr „Goldstücke"! Verzeiht,
daß ich heute weit
und der Festtafel fern:
Ich wär bei euch gern!
Doch bald kommt der Tag,
da holen wir alles nach.

*Ich bin bei euch
in Gedanken*

Golden soll der Tag heut sein!
Dazu stellen groß und klein
und auch ich mich heute ein.
50 Jahre und kein Zanken,
Lieb' und Treue ohne Wanken:
Ich bin bei euch in Gedanken!

Zur eisernen Hochzeit

Ihr hattet eisernen Willen,
und heute zur eisernen Hochzeit
weiß ich, daß ihr trotz allem
recht fit und munter noch seid!
Ihr hattet selten Kummer
und littet nie an Brot Not,
ihr habt geschafft und werdet
nicht über dieses Lob rot.
Seid stolz auf euer Leben!
Ihr freut euch und ihr lacht gern.
Der Herrgott gab den Segen,
der über euch auch wacht fern!

Diamantene Hochzeit

Was sind denn 60 Jahre?
Nur eine kurze Zeit!
Schon gar nichts, wenn wir es messen
heut an der Ewigkeit.
Und doch sind 60 Jahre
so viel, wenn man's bedenkt.
Es seien noch 20 Jahre
gemeinsam euch geschenkt!

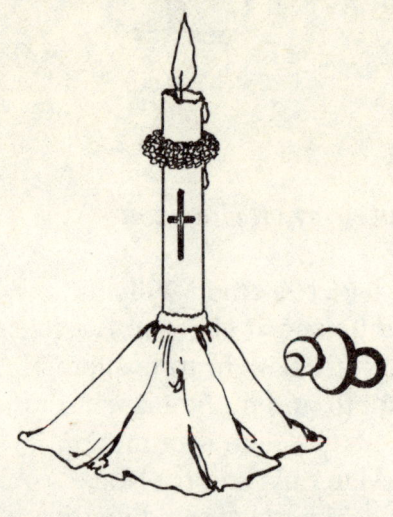

KINDER- UND JUGENDFESTTAGE:

"Zwölf Wochen nach der Hochzeit wird den Eltern ihr erstes Baby geboren", schrieb die kleine Andrea im Biologieunterricht in ihr Schulheft. Ganz so rasch geht's meistens jedoch nicht. Doch immer ist die Freude groß, wenn der Wunsch nach Kindern besteht und sich noch im ersten Jahr nach der Hochzeit oder auch später der Nachwuchs einstellt. Das ändert sich auch nicht beim zweiten oder dritten Kind. Ein reicher Kindersegen ist heute zwar nicht mehr "in", aber ohne Kinder – das ist eine Binsenweisheit! – wäre die Menschheit zum Aussterben verurteilt. Daß die Bevölkerungsexplosion unlösbare Probleme mit sich bringt und wahrscheinlich dasselbe bewirkt, steht auf einem anderen Blatt. Wir wollen uns aber über unseren Nachwuchs freuen, und das von ganzem Herzen.

Wenn man sieht, wie schnell die kleinen Küken auf eigenen Beinchen stehen und wie rasch sie flügge werden, braucht man sich nicht zu wundern, daß wir in diesem Kapitel alles zusammengepreßt haben: Geburt, Taufe, Kinderfeste, Kommunion und Konfirmation! Was sind ein Dutzend Jahre im Leben eines geliebten Kindes – gemessen an der Ewigkeit?

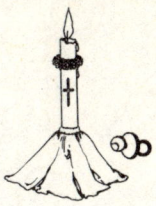

Dank an den Klapperstorch

Wenn der Frühling kommt ins Land
und der Schnee zerrinnt,
dann weht auch, wie allbekannt,
ein sehr warmer Wind.
Alle Bäume werden grün,
und bald heißt es dann:
„Störche, Kinder, seht nur hin,
fangen zu klappern an!"
Alle Kinder stellen sich ein
und beginnen sofort zu schreien:
„Klapperstorch, du guter,
bring mir einen Bruder!
Klapperstorch, mein Bester,
bring mir eine Schwester!"
Doch der Storch hat Mucken viel,
wo man ihn begehrt
läßt er warten und bleibt kühl,
als ob er nichts hört.
Manchmal aber klappt es doch,
und er bringt was, horch:
alle schreien noch und noch:
„Danke, Klapperstorch!"

Volkstümliches Kinderlied

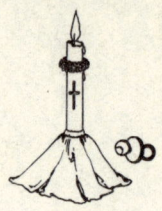

Die junge Mutter

Sie fühlt's, es ist ihr Sohn! Mit Tränen inniger Lust
gebadet, drückt sie ihn an Wange, Mund und Brust,
und kann nicht satt sich an dem Knaben sehen.
Auch scheint der Knabe schon die Mutter zu verstehen.
Laßt ihr zum mindesten den Genuß
des süßen Wahns! Er schaut aus seinen hellen Augen
sie ja so sprechend an – und scheint nicht jeden Kuß
sein kleiner Mund dem ihren zu entsaugen?
Sie hört den stillen Ruf – wie leise hört
ein Mutterherz! und folgt ihm unbelehrt.
Mit einer Lust, die, wenn sie neiden könnten,
die Engel, die auf sie heruntersahn,
die Engel selbst beneidenswürdig nennten,
legt sie an ihre Brust den holden Säugling an.
Sie leitet den Instinkt, und läßt nun an den Freuden
des zartesten Mitgefühls ihr Herz vollauf sich weiden.

Christoph Martin Wieland

Wunsch an die glücklichen Eltern

Kinder sind das allerhöchste Glück auf Erden;
möge euer Kind besonders glücklich werden!

Volkstümlich

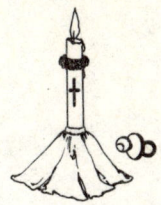

Spruch für den Täufling

Glück, Gesundheit, langes Leben
mög dir Gott im Himmel geben!

Aus Nassau

Wie heißt das schöne Kind?

Wie heißt denn dieses schöne Kind,
nach dem schon alle närrisch sind
in (Braunschweig)?
Es ist gesund, das wissen wir,
der Mutter wünschen's Gleiche wir
aus (München).
Und wenn es eine Taufe gibt,
so reisen wir – wenn es beliebt –
nach (Braunschweig)!
Dann gibt's ein frohes Wiedersehn.
Drauf freun sich alle, groß und kleen,
in (München).

Beim ersten Schritt

Zur Wiege, – nicht zum Grabe,
wo alles schon erreicht –
gehört des Wunsches Gabe:
„Die Erde sei dir leicht!"

Oscar Blumenthal

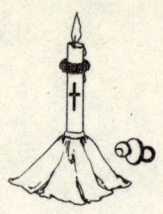

Der junge Pate spricht

Der Täufling ist bereit
die Taufe zu empfangen,
wir sind mit ihm gegangen;
Gott geb ihm das Geleit.
Mög' es ihm wohlergehen.
Der Weg auf dieser Erde,
daß er ein leichter werde,
wir können's nur erflehn!
Jetzt hat er einen Namen.
Oh, möge diesem Kleinen
die gute Sonne scheinen.
Wir sagen freudig: Amen.

*Einem Patenkind
(beim Überreichen des
Patengeschenkes)*

Jetzt hat der alte, graue Onkel
doch wirklich noch ein Kind gekriegt,
ein kugelrundes, nettes Kleines,
das hier zu seinen Füßen liegt.
Wie ist er zu dem Kind gekommen?
Es ging wohl nicht natürlich zu,
doch ist's auch kein Retortenbaby.
Die Wahrheit wissen ich und du:
Das Kindchen, das der Onkel kriegte,
es ist sein jüngstes Patenkind,
für das zu sorgen stets er nunmehr
verspricht mit diesem Angebind'!

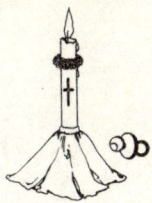

Kleines Kind im Haus

Sobald das Kind im Haus erwacht,
die holden Äuglein aufgemacht
und lächelt froh und wonnigsüß,
so ist's der Mutter Morgenstern,
ihr Himmel und ihr Paradies,
ihr Sorgen und ihr Dank dem Herrn.
Das Kind im Haus – erhellt es nicht
des Vaters ernstes Angesicht?
Es lacht ihm, wenn er kommt nach Haus,
und streckt die kleinen Händchen aus.
Die Brüder, die schon größer sind,
sind gerne bei dem kleinen Kind;
sie hoffen, daß es fleißig lern',
und was es will, das tun sie gern.
Die Magd bleibt bei dem Kinde stehen,
anstatt an ihr Geschäft zu gehen,
sie gibt ihm einen derben Kuß,
so daß es beinah weinen muß.
Sein erster Laut, sein' erste Bitt',
und was es lallt, sein ganz Sanskrit,
wird bald im Hause gang und gäbe;
sogar die blinde Alte glaubt,
daß mit dem Kinde um ihr Haupt
ein holder Engel niederschwebe.
Aufs Kindlein aus dem Käfig blickt
der Vogel, wenn er Körner pickt;
sogar das Kätzlein und der Hund
sind mit dem kleinen Kind im Bund.

Hermann von Lingg

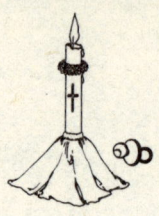

*Zu Geburtstagen
in den ersten Lebensjahren*

Seht mir doch mein schönes Kind,
mit den goldnen Zottellöckchen,
blauen Augen, roten Bäckchen!
Leutchen, habt ihr auch so eins?
Leutchen, nein, ihr habet keins!

Seht mir doch mein süßes Kind!
Fetter als ein fettes Schneckchen,
süßer als ein Zuckerweckchen!
Leutchen, habt ihr auch so eins?
Leutchen, nein, ihr habet keins!

Seht mir doch mein holdes Kind!
Nicht zu mürrisch, nicht zu wählig.
Immer freundlich, immer fröhlich.
Leutchen, habt ihr auch so eins?
Leutchen, nein, ihr habet keins!

Seht mir doch mein frommes Kind!
Keine bitterböse Sieben,
würd' ihr Mütterchen sie lieben?
Leutchen, möchtet ihr so eins?
O ihr kriegt gewiß nicht eins!

Komm einmal ein Kaufmann her!
Hunderttausend blanke Taler,
alles Gold der Erde zahl er!
O er kriegt gewiß nicht meins!
Kauf er sich woanders eins!

Gottfried August Bürger

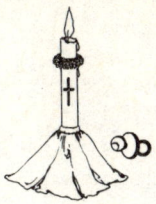

Mein Kind

Wie mein Kind sich freuen kann!
Sieht es nur ein Licht,
sieht es nur ein Blümchen an,
lächelt sein Gesicht.
Welche Freude wird es sein,
wenn's im Frühlingsfeld
laufen kann im Sonnenschein
durch die Blumenwelt!
Wie's die Händchen dann erhebt
nach dem Schmetterling!
Wie's nach allem hascht und strebt!
Nichts ist ihm gering.
Und das Hälmchen in dem Ried,
und das Blatt im Strauch,
alles, alles, was es sieht,
alles freut es auch.
Und wie wird die Freude sein
in der Sommernacht,
wenn der Mond mit güldnem Schein
ihm entgegenlacht!
Freue dich, mein liebes Kind!
Wer sich freuen kann,
ist, sobald er nur beginnt,
schon ein bess'rer Mann!

August Heinrich Hoffmann von Fallersleben

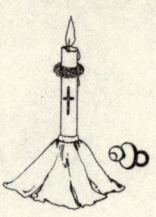

Zur Einsegnung

Treu' bewahre im Gemüte,
und beschirme früh und spät
jede Knospe, jede Blüte,
die auf deinen Wegen steht.
Sei's die Knospe hoch am Baume,
sei's ein fröhlich plaudernd Kind,
sei's am grünen Wiesensaume
eine Blume, weich und lind.
Halt den Wurm auf öder Stätte
nicht für klein und für gering,
in der Schöpfung ewiger Kette
sieh ihn an als starken Ring.
Nach den Sternen magst du trachten,
wenn dein Geist den Staub besiegt,
doch des Kiesels sollst du achten,
der zu deinen Füßen liegt.
Hoch und herrlich ist die Stärke,
die von Seelenadel zeugt,
wenn sie sich zum Liebeswerke
zu dem Schwachen niederbeugt.
Gibst du den gesunkenen Ranken
neuen Halt und frischen Stand,
oh, dann reichst du auch den Kranken
und Gefallenen deine Hand.
Sei ein Denker oder Dichter,
Form in Erzen oder Stein,
vor dem ewigen Weltenrichter
sollst du Mensch vor allem sein.

Heinrich Zeise

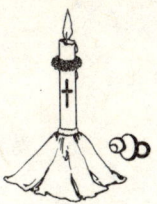

Palmsonntag
(zur Konfirmation)

Mildes, warmes Frühlingswetter!
Weh mich an, du laue Luft!
Allen Bäumen wachsen Blätter,
Veilchen senden süßen Duft.
In des alten Domes Hallen
hell und menschenreich der Pfad;
frohe Botschaft hör ich schallen,
daß der Liebeskönig naht.
Eilet, geht ihm doch entgegen,
wandelt mit ihm Schritt vor Schritt
auf den blutbesprengten Wegen
in dem Garten, wo er litt.
Habt ihr auch die Mär vernommen,
wie der Frühling mit ihm zieht
und im Herzen aller Frommen
süßes Wunder schnell erblüht?
Kinder stehen mit grünen Zweigen
um den heiligen Altar,
und die Engel Gottes neigen
sich herab zur Kinderschar.
Blüht empor, ihr Himmelsmaien,
Palmen, blüht aus meiner Brust,
Christi Wege zu bestreuen,
der euch hegt in Lieb' und Lust.

                    Max von Schenkendorf

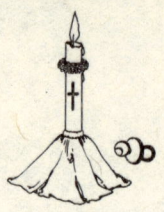

Dem Kommunionskind

Heute stehst du mit dem Licht
vorm Altar; der Pfarrer spricht.
Merk dir seine Worte fein;
ein neuer Abschnitt bricht herein
jetzt in dein Leben. Geh voran
mutig auf der Lebensbahn!

*Dem Konfirmanden auf den
Lebensweg – nicht ganz so ernst
zu nehmen*

Gib gern, was man von dir verlangt,
wer viel erfährt, der weiß viel.
Doch wenn du gar nichts geben kannst,
dann gib ein schlechtes Beispiel!

Zur silbernen Konfirmation

Du hieltest deiner Heimatstadt die Treue.
Vor 25 Jahren standst du hier
vor dem Altar im Kreise junger Freunde.
Wir danken und wir gratulieren dir!

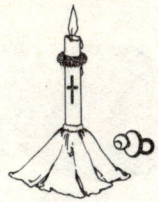

Ein Kind dankt dem Patenonkel

Ich danke dir, mein Patenonkel,
wenn ich auch nicht viel sagen kann,
so schaue ich dich dafür strahlend
mit meinen blanken Augen an.
Beruhigt leg ich mich dann nieder
und schlaf in meinem Kinderbett.
Doch vorher sag ich dir: Mein Lieber,
du Guter, du bist wirklich nett!

Zum Schritt ins Leben

Was soll ich dir zum Schritt ins Leben
für einen weisen Ratschlag geben?
Bleib stets im Leben, der du bist:
ein guter Mensch, ein guter Christ!

SCHULABSCHLUSS UND BERUFSSTART

Die kindliche Freude, nach glücklichem Abschluß eines Schuljahres versetzt zu werden und danach eine unermeßlich lange Ferienzeit vor sich zu haben, ließ schon oft pfiffige Schüler zu jungen Poeten oder gar zu Spottdichtern werden. Sind Schule und Universität mit einem Diplom abgeschlossen, oder stehen ein Studium, eine Berufsausbildung oder ein Arbeitsbeginn ins Haus, geht es meist ernsthaft zu. Ratschläge von Vätern, Lehrern und Verwandten in Vers und Prosa sind diesem ernsten Anlaß angepaßt.
Abschlußfeiern in Kindergärten, Schulen und Hochschulen rufen ebenfalls gern Amateurdichter auf den Plan. Die wenigen Beispiele in diesem Kapitel dürfen gern als Muster für eigene kreative Versuche genommen werden.

Abschied vom Kindergarten

Hier in diesem Kindergarten,
wo wir auf das Leben harrten,
sind wir heut zum letztenmal.
Doch er war uns keine Qual.
Gerne sind wir hergegangen,
Spiel und Wissen zu erlangen,
lieb war die Erzieherin,
oh, wir gingen gerne hin!
Aber heute ist nun Schluß,
damit die Schule nicht warten muß.

*Was man alles gewesen ist,
wenn man die Schule verläßt*

Erste Klasse: Tafelkratzer.
Zweite Klasse: Tintenpatzer.
Dritte Klasse: Alte Bären.
Vierte Klasse: Feine Herren.
Fünfte Klasse: Engel.
Sechste Klasse: Bengel.
Siebte Klasse: Luftballon.
Achte Klasse: Flieg davon.

Aus Österreich

Bitte um Hitzeferien

Der Himmel ist blau,
das Wetter ist schön.
Wir bitten den Lehrer
spazierenzugehn.
Wir wollen lieber im Freien schwitzen,
als auf den harten Schulbänken sitzen.

Aus der Schweiz

Vor dem Weihnachtszeugnis

Lieber, guter Nikolaus,
lösch alle unsere Fünfen aus;
mache lauter Einsen draus,
dann bist du ein braver Nikolaus!

Spruch für einen kleinen Bösewicht

Herr Lehrer, ich bedanke mich
für Ihren schönen Unterricht.
Ich konnte wohl, ich wollte nicht,
ich war ein kleiner Bösewicht
und Sie ein grober Lehrer.

Aus Preußen

Merkspruch

In der Schule wie im Leben
solltest du dein Bestes geben;
denn nur wer sein Bestes gibt,
ist bei jedermann beliebt.

Volksgut

Dankesbrief eines Schülers an seinen Lehrer

Am Ende des Schuljahres erinnere ich mich an die guten Lehren und den nützlichen Unterricht, den ich von Ihnen das ganze Jahr hindurch erhalten habe. Was ich mir an Kenntnissen erworben, habe ich Ihnen allein zu verdanken. Ich erkenne Ihr großes Verdienst um meine Bildung mit dem innigsten Danke und bitte Sie um Ihre fernere Nachsicht und Geduld. Möge das ankommende Schuljahr Sie mit Freude und Zufriedenheit beglücken! Ich bin mit inniger Hochachtung…

Aus: „Der Gratulant in Prosa", 19. Jahrhundert

*Dank an den Lehrer zum
Abschluß des Schuljahres*

Im lauten Festgesang
bring unserem Lehrer Dank,
wer ihn verehrt!
Jauchzt ihm ein Lebehoch
und betet, daß er noch
in langen Jahren sich
des Lebens freu'!
Wer liebevoll und mild
des Lehrers Amt erfüllt
und gut wie er
dem Klügeren dient und nützt,
den Schwächeren unterstützt,
verdient der Schüler Dank,
hoch lebe er!
Im lauten Festgesang
bring unserem Lehrer Dank,
wer ihn verehrt!
Jauchzt ihm ein Lebehoch
und betet, daß er noch
in langen Jahren sich
des Lebens freu'!

Unbekannter Verfasser,
19. Jahrhundert

An einen jungen Freund

Nimm dieses Leben nicht so ernst!
Recht spaßhaft ist's im allgemeinen.
Je besser du es kennenlernst,
je munterer wird es dir erscheinen.
Kein Drama ist's im großen Stil
– wie du dir denkst – mit Schuld und Sühne;
es ist ein derbes Possenspiel
auf einer Dilettantenbühne.
Zwar wär's nicht halb so jämmerlich,
wenn nur die Leute besser spielten,
und wenn die Lustigmacher sich
nicht immer für die Helden hielten.

Heinrich Leuthold

Rezept zum Glücklichsein

Nimm ein Quantum guten Willen,
50 Gramm Bescheidenheit,
eine gute Dosis Frohsinn
und dazu Verträglichkeit.
Misch in dieses Eingedenken
Elternliebe mit hinein,
und du hast für alle Zeiten
das Rezept zum Glücklichsein.

Volkstümlich aus neuerer Zeit

Einem jungen Mädchen

Werde, was du noch nicht bist,
bleibe, was du jetzt schon bist:
In diesem Bleiben und diesem Werden
liegt alles Schöne hier auf Erden.

                          Franz Grillparzer

Nutze deine Tage

Nutze deine jungen Tage,
lerne zeitig, klüger sein.
Auf des Glückes großer Waage
steht die Zunge selten ein.
Du mußt steigen oder sinken,
du mußt herrschen und gewinnen
oder dienen und verlieren,
leiden oder triumphieren,
Amboß oder Hammer sein!

                    Johann Wolfgang von Goethe

BETRIEBSJUBILÄUM UND PENSIONIERUNG

Wenn Sie einen Jubilar richtig glücklich machen wollen, dann richten Sie ihm sein Fest aus. Im Gegensatz zu Hochzeiten und runden Geburtstagen ist eine kleine, beschauliche Jubiläumsfeier für den Organisator ein Kinderspiel. Da können schon mal fleißige Heinzelmännchen das Heft in die Hand nehmen und den Gefeierten vom Streß und der Mühe des Festausrüstens befreien. Das wird dann ein ungewöhnliches und ganz besonderes Geschenk.
Eine kleine Feier am Nachmittag in der Kantine oder in einem gemütlichen Gasthaus wird dem Geehrten lange in lieber Erinnerung bleiben.
Das gleiche gilt für Opas oder Omas Austritt aus dem Berufsleben und ähnliche Gelegenheiten: Hier sollte sich die ganze Familie zusammentun, und jeder könnte bei der Vorbereitung mithelfen. Natürlich sollte dabei auch das passende Glückwunschgedicht nicht fehlen.

Der Chefsekretärin zum Jubiläum

Sie ist dem Chef die beste Kraft.
Was sie nicht alles wirkt und schafft!
So ein Mädel wie sie gibt's sonst wohl keins,
sie ist bei uns die Nummer 1.
Sie managt, plant und schuftet gern,
hält unliebsame Kunden fern,
und stöhnen Kollegen: „Wir sind im Streß!"
Dann fragt sie nur lächelnd: „Was is 'n des?"
Sie hat das Herz auf dem rechten Fleck,
kein Mann nimmt die Butter vom Brot ihr weg.
Unliebsame Dinge schlechterdings,
die meistert sie mühelos „mit links"!
Nur eines, das lehnt sie ab empört
(was bei Witzzeichnern immer dazugehört!),
beim Chef auf den Schoß? – Sie verzieht das Gesicht:
Das schafft sie nie, und das braucht's auch nicht.
Wenn wir etwas frotzeln, sie wird es verstehen,
mit viel Humor soll es weitergehen.
Heut wünscht Ihnen Glück aus vollem Munde
das gesamte Team: Auf zur nächsten Runde!

Zeugnis zum Jubiläum
(für eine langjährige Stütze der Firma)

Ein unabhängiges Gremium von Mitarbeiterinnen und Mitarbeitern nahm bei Ihnen die folgende Beurteilung anläßlich Ihres Ehrentages vor:

Qualifizierungsbemühen:	lernt nichts mehr.
Denkvermögen:	ungenügend.
Sprachlicher Ausdruck:	mit vielen Fehlern.
Mitarbeit:	nicht mehr als nötig; oftmals totaler „Blackout".
Arbeitstempo:	sehr zögerlich; bummelt viel.
Ordnung:	schlampig und unordentlich.
Zusammenarbeit:	eigenbrötlerisch, eigensinnig und halsstarrig; stänkert ständig herum.
Selbständigkeit:	sehr unselbständig, anleitungsbedürftig.
Geschicklichkeit:	unbeholfen und ungeschickt.
Interesse:	ohne jedes Interesse; schaltet oft ab.
Arbeitsqualität:	unzureichend; produziert nur Ausschuß.
Verhalten zu Vorgesetzten:	unter aller Sau!
Ergänzende Beurteilung:	viel zu große Klappe; Garderobe hinterwäldlerisch, entgegen jedem Modetrend. Taugt nur noch bedingt; für unsere Firma gerade ausreichend fürs Gnadenbrot.

Die Kolleginnen und Kollegen

Betriebsjubiläum und Pensionierung

Anmerkung zu obigem Zeugnis:
Dieses Zeugnis wurde ausgestellt für einen Mitarbeiter / eine Mitarbeiterin, der / die Spaß versteht. Wer Spaß verstehen kann, ist auch intelligent. Wer intelligent ist, weiß schon längst, daß in einem modernen Zeugnis eine negative Beurteilung eines Mitarbeiters / einer Mitarbeiterin nur verschlüsselt ausgestellt werden darf. Solch ein „verschlüsseltes" Zeugnis richtig zu lesen und zu deuten, ist beinahe schon eine Wissenschaft für sich. Wenn man dies also weiß und berücksichtigt, ist auch das obige Zeugnis aus reinem Spaß „verschlüsselt" worden. Es ist genau umgekehrt zu lesen, um der Wahrheit möglichst nahezukommen. Richtig ist die Beurteilung also folgendermaßen (nur für die, die's schwarz auf weiß haben wollen):

Ihre „Beurteilung" lautet ehrlich und unverschlüsselt:

Qualifizierungsaussichten:	immer noch sehr gut; begreift sofort.
Denkvermögen:	denkt kreativ und richtungsweisend.
Sprachlicher Ausdruck:	sicher und gut.
Mitarbeit:	ausgezeichnet.
Arbeitstempo:	sehr zügig und schnell.
Ordnung:	sehr ordentlich, aber kein Pedant.
Zusammenarbeit:	selbstsicher und solidarisch.
Selbständigkeit:	sehr selbständig; hat den richtigen Überblick.
Geschicklichkeit:	äußerst geschickt und findig.
Interesse an der Arbeit:	sehr interessiert und wißbegierig.
Arbeitsqualität:	genau und sorgfältig, ohne Reklamationen.
Verhalten zu Vorgesetzten:	sicher, freundlich und aufmerksam.

Ergänzende Anmerkung: Wir wünschen unserem Kollegen / unserer Kollegin alles, alles Gute, Gesundheit und Schaffenskraft. Seinen / ihren Rat und seine / ihre Hilfe möchten wir noch lange nicht entbehren!

(Es folgen Unterschriften)

Firmenjubiläum

Im Jahre 19.. ist es gewesen.
Man konnte es in allen Zeitungen lesen,
da wurde unsere Firma gegründet.
Der Geburtstag zum (50. Male) sich ründet.
Und wieder, wie vor (50) Jahren,
kommen Reporter hergefahren,
die wollen berichten, was hier geschieht;
im Grunde ist's doch das alte Lied:
Ein jeder schaffte mit frohem Mut,
und allen geht es doch wirklich gut.
Zufrieden sind wir (mit dem Chef), ist doch klar,
und wir wünschen der Firma noch viele Jahr'.
Dann bleiben unsere Arbeitsplätze erhalten,
und sonst? Nun, wir – bleiben stets die alten!

*Von Freund zu Freund –
zur Pensionierung*

Deinen Lebenspfad sollen Rosen säumen,
vom Glück erlange stets genug.
Die Lebenslust soll in dir schäumen
noch stärker als das Bier im Krug.
Dies wünscht dir für das nächste Jahrzehnt
ein lieber Freund, der dich gut kennt!

*Der Ruhestand
sei dir eine Wonne!*

Wir singen dir aus voller Brust:
Dein Herz sei stets voll Sonne!
Dir war die Arbeit eine Lust,
der Ruhestand sei dir Wonne!

Glück, Liebe und Geborgenheit

Ich wünsch dir für die Rentnerzeit
Glück, Liebe und Geborgenheit.
Bleib ewig, ewig frisch und jung,
behalt für immer deinen Schwung!

Dem Pensionisten

Du wirst hier nichts mehr versäumen;
denn du brauchst dich nicht mehr zu schinden.
All deine Wünsche und Träume
sollen jetzt Erfüllung finden.
Es sollen alle Sorgen
und Nöte von dir gehen;
und nur ein kleiner Rest zum Granteln,
ein winziger, bleibe bestehen!

Zum Abschiedsschmaus!

Heute gibt es was zu spachteln,
Braten und gefüllte Wachteln,
Sahnetorten, Wein und Sekt,
denn ich habe grad entdeckt,
X. X. hat sich nicht geniert,
er wird heute pensioniert.
Dem Kollegen einen Toast,
recht viel Glück, und – ab die Post!
Stets voll Sympathie für Sie:
der Ruhestand erfreue Sie!

Dem „Rentner" alles Gute
auf dem Lebenswege:
Zieh jetzt keine Schnute!
Das wünscht dir dein Kollege.

(Für jemanden, dem der Abschied
vom Arbeitsleben schwerfällt.)

Was schaust du traurig drein?

Was schaust du traurig drein?
Es muß dir doch gefallen
ein freier Mann zu sein:
Ein Glückwunsch von uns allen!
Leb froh und ungebunden
noch viele Tage und Stunden.

Viel Spaß

Wer die Arbeit kennt
und sich nicht drückt...!
Dem (Markus) ist es heut geglückt:
Er drückt sich fort aus unserer Runde,
macht sich 'nen faulen Lenz zur Stunde.
Noch viele Jahre soll er's machen,
gesund sein, fröhlich sein und lachen!
Das gibt ein Rentnerdasein, das
macht Spaß! – Viel Spaß!

*Dank an Kollegen und Kolleginnen
bei einem Arbeitsplatzwechsel*

Liebe Freunde (in der EDV),
bei euch war's so nett,
keine zweiten solche „pfundigen"
Kollegen gibt's, ich wett.
Ich muß euch verlassen,
doch in (der EDV)
geht darum das Licht nicht gleich aus,
und es wird auch nicht grau.
Ich geb meinen Platz
für einen anderen her.
Macht euch darum bitte nicht
das Leben unnötig schwer.
Ich hab mich entschieden,
gab dem Herzen einen Ruck,
drum, liebe Arbeitskollegen,
haltet mich bitte nicht „z'ruck"!
Für mich bot sie sich an,
eine neue Möglichkeit,
ihr werdet es mir vergönnen,
denn ich weiß, ihr seid gescheit!
Habt Dank für die Geduld
mit mir (sieben) Jahr.
Wir sehen uns bestimmt bald
mal wieder,
das versprech ich euch,
ist doch klar!

NEUES HEIM

Wie wichtig heute für junge Familien ein neues Heim, im Idealfall sogar ein eigenes Haus, sein kann, weiß jeder, der in beengenden Wohnverhältnissen leben oder fast die Hälfte seines Einkommens allein für die Miete seiner Behausung ausgeben muß.
Die Schaffung von neuem Wohnraum ist immer mit Schweiß und Anstrengung verbunden; heutzutage weniger für den Maurer, Zimmermann oder Dachdecker, sondern vielmehr für den Bauherrn, der bei der Finanzierung seines Lebenstraumes nie den Überblick verlieren darf. Ist der Versuch jedoch gelungen, sind die Weichen für die Zukunft gestellt, etwa beim Richtfest eines eigenen Häuschens, aber auch beim Einzug in die schlüsselfertige neue **Wohnung, dann** sind ein Glückwunsch, ein Umtrunk und ein kräftiger Händedruck wohlverdient. Dem neuerbauten Hause und allen, die es bewohnen, Segen zu wünschen, beruht auf einer jahrhundertealten Tradition. Die eigenen vier Wände sind der Privatbereich einer jeden Familie. Nicht nur die bösen Mächte und Dämonen, auch Neid und Mißgunst haben darinnen nichts zu suchen. Witzige Sprüche an Haus und Türbalken zeugen außerdem von Humor und Besitzerstolz seiner Bewohner; sie untermauern die ursprünglich aus England stammende sprichwörtliche Redensart: My home is my castle!

Grüß Gott!
Tritt ein.
Bring Glück herein!

Hausspruch

Zum Richtfest eines Hauses

Das neue Haus ist aufgericht',
gedeckt, gemauert ist es nicht.
Noch können Regen und Sonnenschein
von oben und überall herein:
Drum rufen wir zum Meister der Welt,
er wolle von dem Himmelszelt
nur Heil und Segen gießen aus
hier über dieses offne Haus.
Zuoberst woll' er gut Gedeihn
in die Kornböden uns verleihn;
in die Stube Fleiß und Frömmigkeit,
in die Küche Maß und Reinlichkeit,
in den Stall Gesundheit allermeist,
in den Keller dem Wein einen guten Geist.
Die Fenster und Pforten woll' er weihn,
daß nichts Unseliges komm herein,
und daß aus dieser neuen Tür
bald fromme Kindlein springen für.
Nun, Maurer, deckt und mauert aus!
Der Segen Gottes ist im Haus!

Ludwig Uhland

Maurer und Zimmermann zum Richtfest

Maurer: Wir Maurer sind seit alter Zeit
in aller Welt berühmte Leut'.
Wo Großes je ward aufgebaut,
da hat man Maurer auch geschaut.

Zimmermann: Da seht, wie leicht man irren kann!
Weit größer ist der Zimmermann.
Eh' man an Kalk und Stein gedacht,
ward schon aus Holz ein Haus gemacht.

Maurer: Schon die Geschichte gibt uns recht;
wir sind das ältere Geschlecht.
Beim Turm zu Babel, das ist klar,
kein Zimmermann mit tätig war.

Zimmermann: Ja, ja, das mag wohl immer sein.
Der Turm jedoch, er fiel bald ein;
die Arche Noahs aber hat
gehalten bis zum Ararat.

Beide: Das Haus, das wir hier aufgebaut,
auch wenn's heut noch nach nix ausschaut,
soll 100 Jahre fest hier stah'n,
das verbürgen
Maurer: Maurer!
Zimmermann: Und Zimmermann!

Volkstümliches Duett (vor 1900)

*Glücklich
bis in Ewigkeit*

Richtfest ist's!
Euer Haus
sieht so schmuck
und sauber aus.
Wohnt darin
lange Zeit
glücklich bis
in Ewigkeit!

Vier eigene Wände

Nicht mehr unterm Regenschirm
müßt ihr beide sitzen,
denn ein eigenes, festes Dach
schützt vor Sturm und Blitzen.
Endlich ist es nun soweit,
ihr könnt lachen, scherzen:
Ob es stürmt und ob es schneit,
macht euch keine Schmerzen.
Selbst wenn Regen plitscht und platscht
in die Regentonne:
Eure Herzen, euer Haus
sind doch stets voll Sonne!

Im eigenen Nest

Ein junges Paar
im eigenen Nest,
in dem es sich trefflich
zwitschern läßt!
Ich wünsche euch,
daß es bald bei euch „piept"
im eigenen Nest
(weil ihr euch liebt)!

*Jungen Eheleuten zum Einzug
ins eigene Heim*

Die Ehe ist süß,
ihr werdet noch schaun:
Ihr sitzt jetzt hinter
dem eigenen Zaun.
Ihr seid euch genug
und verschließt das Tor:
Doch einmal schaut ihr
noch kurz hervor
und zeigt uns verschmitzt,
wie froh ihr seid;
denn die Zeit nach der Hochzeit
ist die schönste Zeit!

Im neuen Haus

Zieht fröhlich ein
ins eigene Heim!
Im neuen Heim
sollt ihr zu zwein
sehr glücklich sein!

*Zur Einweihung des neuen
Hauses als Hausspruch
aufzusagen*

Wer über diese Schwelle tritt,
der bringe Glück und Frieden mit.
Die Zwietracht bleibe vor dem Haus.
Hier breite sich die Liebe aus!

Die Ordnung des Hauses

Der Herr muß selber sein der Knecht,
will er's im Hause finden recht.
Die Frau muß selber sein die Magd,
will sie im Hause schaffen Rat.
Gesinde nimmermehr bedenkt,
was Nutz' und Schad' im Hause brengt.
Es ist ihm nicht gelegen dran,
weil sie es nicht für eigen han.

Martin Luther

Zur Einweihung des neuen Hauses

Der Maurer legt den Ziegelstein.
Der Zimmermann baut Balken ein.
Der Schieferdecker deckt das Dach,
der Schreiner macht uns Tür und Fach.
Der Fliesenleger fliest die Wand.
Der Maler streicht mit flinker Hand.
Der Schlosser bringt die Schlösser an,
die Lampen der Elektromann.
Zuletzt kommt noch der Transporteur
und bringt die neuen Möbel her.
Wir ziehen ein und rufen aus:
Wie schön ist doch ein eignes Haus!
Das Glück sei unsres Hauses Gast.
Dann leben wir hier ohne Hast,
dann soll nur kommen, was da mag:
Wir leben glücklich jeden Tag!

*Dem neuen
Hausherrn*

Dies Haus, es steht
auf festem Grund,
und Frau & Kinder
sind gesund.
Was fehlt dir noch
zu deinem Glück?
Denk auch mal an uns,
deine Freunde, zurück!

Den Altbausanierern

Aus dem alten, alten Haus
machtet ihr ein neues draus.
Ihr habt es saniert
und repariert.
Ich sag: Ei der Daus!
Viel Glück in dem Haus.

Trostlied für den Bauherrn

Wie manche Kunst, man sagt's nicht aus,
muß helfen, um zu baun ein Haus!
Die Kunde hab ich erst gewonnen,
nachdem ich eins zu baun begonnen.
Zusammen wirkt da jede Zunft,
als ständ' am Weltbau Weltvernunft;
und wie sie durcheinanderrennen,
scheint jeder seinen Platz zu kennen.
Wie dieser dies, und jener das
und jeder tut, ich weiß nicht was,
muß ich sie nur gewähren lassen
und auf die Kostenzettel passen.
Wär' alles dies nicht längst erdacht,
ich hätt' es nicht hervorgebracht
und hätte müssen mich begnügen,
ein Hüttendach aus Rohr zu fügen.

Friedrich Rückert

Beim Auszug

Bald packen sie das Letzte auf.
Da sagt mir nun der volle Wagen,
was für des Lebens kurzen Lauf
wir all für Ballast mit uns tragen.
Da stehen und liegen Bett und Schrank
und Stuhl und Spiegel, Töpf' und Pfannen,
und Stiefelknecht und Tisch und Bank –
es zieht ja alles mit von dannen.
Ein wüstes Bild! Was seinen Ort
gehabt in Kammer, Küch' und Zimmer,
wild liegt es durcheinander dort,
als fänd's die alte Ordnung nimmer.
Da schaut hervor manch trautes Stück,
das mich gemahnt an teure Stunden:
Das tote Holz, durch Harm und Glück
wird mit dem Herzen es verbunden.
Noch einmal schreit ich auf und ab
die Räume, die ich liebgewonnen,
wo das Geschick mir manches gab
und manches ich mit Lust begonnen,
wo manchen kühnen Hoffnungstraum
ich sah erfüllen und verschweben.
Es hängt ja fest an diesem Raum
ein Stück von unserm eigenen Leben.
Das Letzte, das zur Wanderfracht
bereit ist, macht das Scheiden linder:
Der Bilder Schmuck, der Blumen Pracht
und all das Spielzeug meiner Kinder.
Ich war doch hier – wie fühl ich's heut! –
recht oft zu reinem Glück erkoren:
Viel Schönes hat mein Herz erfreut,
nichts Liebes hab ich hier verloren.

Noch einmal grüß ich jede Wand:
Euch wird nun neuer Schmuck bekleiden.
Der Eltern Bilder in der Hand,
so wend ich endlich mich zum Scheiden.
O möge freudiges Gedeihen
als unser Dank das Haus belohnen,
und mögen alle glücklich sein,
die nach uns diesen Raum bewohnen!

       Friedrich Hofmann

Ironische Hausinschriften

Dies Haus hab ich für mich gemacht,
ob's mancher auch verspottet und verlacht.
Ich baute es nach meiner Nase!

       Johann Gottlieb Hase

Gott schütze uns vor Feuer und Wind
und vor Arbeitern, die langsam sind.

       Aus Mecklenburg

FESTE IM HEIM UND IM VEREIN

Wenn Vereinsmeier feiern, geht es nicht nur feuchtfröhlich zu. Oft wird auch der Pegasus geritten. Das selbstverfaßte, auf den speziellen Anlaß zugeschnittene lustige Poem findet meistens wohlgefälligen Beifall. Sei es in der Familie, in der öffentlichen Gemeinde, in der Pfarrgemeinschaft oder im nur den Mitgliedern zugänglichen Klub: der Vortrag eines „Dichters" ist der Höhepunkt des Abends. Anlaß zu einem Fest, und sei es auch noch so klein, gibt es immer wieder. Mag die liebe Oma endlich nach einer langen Krankheit aus dem Hospital zurückgekehrt sein, mag sie – oder etwa die Tante – eine Kur antreten oder vom „Kurlaub" heimkommen, mag im Verein ein Stiftungsfest anstehen, sei es der Abschiedsball im Sommerlager oder auf der Skihütte: die Gelegenheit zum poetischen Vortrag läßt sich immer wieder beim Schopfe packen.
Feiern wir also fröhlich mit beim Laternenfest in der Gartenlaubenkolonie oder beim Pflanzen eines Baumes. Kleine Festlichkeiten in Heim und Verein sind immer eine Bereicherung und, im gestelzten Behördendeutsch soll es gesagt sein, „erhöhen unsere Lebensqualität"!

Festgesang zum Weiterdichten

Zu dem Feste singen Lieder
wir im Kreise immer wieder.
Zu dem Festzig singzig Liedzig
wir im Kreiszig immzig wiedzig.
Zu dem Festem singem Liedem
wir im Kreisem immem wiedem.
Zu dem Festum singum Liedum
wir im Kreisum immum wiedum.
Zu dem Festquatsch singquatsch liedquatsch
wir im Kreisquatsch imquatsch wiedquatsch.
Zu dem Festesten singesten Liedesten
wir im Kreisesten immesten wiedesten.
Zu dem Festlein singlein Liedlein
wir im Kreislein immlein wiedlein.
Zu dem Festtor singtor Liedtor
wir im Kreistor immtor wiedtor…

Volkstümlich

Ein Festtag soll dich stärken

Ein Festtag soll dich stärken
zu deines Werktags Werken,
daß du an dein Geschäfte
mitbringest frische Kräfte.
Du darfst nicht in den Freuden
die Kräfte selbst vergeuden;
neu sollen sie ersprießen
aus mäßigem Genießen.

Friedrich Rückert

Zur Begrüßung der Oma

Fahr ich heuer in die Berge?
Tief im Berg, da sitzen Zwerge.
Nein, ich fahre an die See,
wo ich weiße Dampfer seh.
Oder fahr ich in die Heide?
Dort zu wandern, macht mir Freude.
Flieg ich lieber in den Süden?
Damit wäre ich auch zufrieden.
Schöner sind noch ferne Inseln;
da würd' ich bestimmt nicht winseln.
Oder reise ich nach Paris?
Da erlebt man – olala! – das und dies.
Nein, ich reise nach (Berlin)
zu der lieben Oma hin.
Hier nun bin ich, Großmama!
Sei gegrüßt, dein Wicht ist da!

Mit Sonnenblumen

Drei Sonnenblumen, rund und groß,
lege ich in deinen Schoß.
Stolz erblühten sie am Zaun,
lieblich, herrlich anzuschaun.
Doch ich überlegte nicht,
sind sie auch wie ein Gedicht,
sie zu brechen nur für dich;
denn du freust dich sicherlich.
Trägst du doch mit ihnen hinein
in dein Zimmer – den Sonnenschein!

Für jemanden, der zu irgendeiner Gelegenheit gefeiert wird

Briefträger setzen sich in Trab.
Sie reißen fast die Klingel ab.
Sogar Pakete treffen ein.
Mög' es das ganze Jahr so sein!

Herren, Damen kommen zuhauf.
Sie setzen die besten Gesichter auf.
Du selber blickst gutlaunig drein.
Mög' es das ganze Jahr so sein!

Der Himmel ist blau, die Luft ist klar.
Auf dem Simse zwitschert ein Spatzenpaar.
Am Fenster aber lacht Sonnenschein.
Mög' es das ganze Jahr so sein!

Theodor Fontane

Bevor jemand vergißt zu gratulieren

Au Backe, nu hätt ick beim villen Quatschen
beinahe det Jratulieren verdöst!
Na also, Heinrich, ick drick der de Patschen
und winsch der, datte den Tach iebastehst.

Aus Berlin

*Dank für ein Geschenk
aus heiterem Himmel*

Heute war ein Sonnentag,
wie ihn jeder gerne mag,
der gern Sonnenstrahlen hascht.
Heute wurd' ich überrascht.
Jemand drückte auf die Bimmel,
und dann kam aus heiterem Himmel
zu mir auf die Erde her
ein Paket, nicht leicht, nicht schwer.
Doch der Bote war verschwunden,
und jetzt grübel ich seit Stunden,
wen als Spender dieser Gabe
ich allein im Auge habe.
Oh, die Lösung ist nicht schwer;
dir alleine dank ich sehr:
Du bist – mit und ohne Hut –
für 'ne Überraschung gut,
immer, immer, immer gut!

Sei gegrüßt!

Soviel Stern' am Himmel stehen,
an dem blauen Himmelszelt,
soviel Schäflein als da gehen
in dem grünen, grünen Feld,
soviel Vöglein als da fliegen,
als da hin und wieder fliegen,
sovielmal sei du gegrüßt!

Des Knaben Wunderhorn

An die Mutter
(nach einer schweren Krankheit
der Mutter)

Krank warst du, krank! – und siegergroß
stand schon der Tod an deinem Bette,
indes im warmen Lebensschoß
ich mich gewiegt an ferner Stätte.
Ich schwelgte in der Sternenpracht,
die heilungsvoll mein Herz durchzückte:
Es war dieselbe Mitternacht,
die dich mit Leiden fast erdrückte.
O nimmermehr vergeb ich's mir,
daß ich in Ahnung nicht erkrankte,
und daß ich nicht dem Tod mit dir,
wenn auch entfernt, entgegenschwankte.
Und Sünde scheint mir, daß ich nicht
mit dir geduldet in der Ferne,
und daß mir nicht wie Grabeslicht
geleuchtet damals alle Sterne.
Und daß es mir nicht vorwurfsvoll
herabgeweht von Busch und Bäumen,
auf daß ich weinen, weinen soll –
daß ich nicht starb in hundert Träumen.
Nicht eher ist die Schuld gesühnt,
bis daß ich lieg in deinen Armen,
bis daß ich wieder unverdient
am Mutterherzen darf erwarmen.

                        Moritz Hartmann

Vati ist wieder gesund

Vaterle, du hast entdeckt,
daß dir der Radi wieder schmeckt
und auch das gute Münchner Bier.
Und so vermuten wir nun hier,
das hat wohl seinen Grund:
Vati ist wieder gesund!

Genesungswunsch

Oma, lange warst du krank,
warst im Krankenhaus,
hieltest dort geduldig aus;
heute kamst du raus!
Deshalb stehen wir hier versammelt,
und wir wünschen dir:
Oma, werde nie mehr krank,
und bleib immer hier!

*Genesungswunsch –
ein Telegramm an die
unabkömmliche Sekretärin*

Seien Sie bitte bald wieder munter:
Sie fehlen uns, nicht nur mitunter!
Kämen Sie nicht wieder her,
vermißten wir Sie alle sehr.
In Ihren Händen liegt
das Schicksal der Fabrik.
Drum bleiben Sie nicht länger krank.
Der Chef sagt Gruß und Dank!

Zur Entlassung aus dem Gefängnis

Mein Freund, du kommst heut aus dem Knast,
in dem du lange gesessen hast.
Es ist vergessen und vorbei,
warum du hocktest; du bist frei
und vor dir liegt ein neues Leben.
Gott möge dir die Stärke geben,
daß du den neuen Anfang schaffst,
deine ganze Kraft zusammenraffst
für den graden Weg; geh mutig voran
und komm nie mehr auf die schiefe Bahn!

Prost zum Führerschein

Alexander wollte ein Weltreich erobern,
Kolumbus fuhr nach Amerika.
Nichts weiter, als den Führerschein haben,
wollte unsere (Angela).
Nun hat sie's geschafft
mit letzter Kraft.
Jetzt braust sie los.
Wir sagen: Prost!

Ehrenurkunde

Im Jahre des Heils 19..
da mußte es sein:
(Tanja) machte den
Führerschein.
Herzliche Gratulation!
Joachim, Stefan & Marion.

Einem rasanten Fahrer

Jetzt geht es los mit dem Gerase!
Schon fliehn die Radler von der Straße,
die Jogger springen in den Graben, –
sofern sie noch das Leben haben.
Jedoch vergiß nicht, liebes Kind,
daß Fußgänger auch Menschen sind!

Zum neuen fahrbaren Untersatz

Einen guten Kauf hast du getan:
Ein neues Auto, na da schau an!
Für dich ist das Fahrzeug sehr wichtig.
Bitte, fahr vorsichtig.

*Zum Kleinwagen
aus zweiter Hand*

Du gingst aufs Ganze
und kauftest eine Straßenwanze.
Ein Auto zu deiner Freude.
Viel Glück damit ab heute!

Einem Busfahrer auf den Weg

Der heilige Christopherus
beschütze dich in deinem Bus!
Auf ihn sollst du immer vertrauen.
Doch: Trotzdem richtig schalten und schauen!

Danksagung

Dank, ihr Leute,
sag ich heute,
die ihr mich
zum Führerschein
deckt mit guten Wünschen ein.
Dank! Die Wünsche
kann ich brauchen,
denn der Motor
tut schon schmauchen,
und der Wagen
will nicht laufen.
Will's der Teufel,
daß ich verzweifel?
Nein! Nein! Nein!
Heute begießen wir
meinen Führerschein!

Zum Tag des Baumes

Einen jungen Baum zu pflanzen,
ist uns heilige Pflicht.
Wer je in seinem Schatten tanzen
wird, das wissen wir nicht.
Wir wünschen ihm gutes Gedeihn:
Unser Baum, den wir hier weihn,
soll stark, gesund und mächtig sein!

*Schriftliche Einladung
zur feuchtfröhlichen Party
im Grünen*

Wenn Wassermänner Partys geben,
dann herrscht im Teich ein feuchtes Leben.
Es fließt der Sekt, es fließt der Wein,
doch der soll sehr verwässert sein.
Den Wassermännern ist es gleich,
sie feiern froh im Wasserreich.
Die grünen Wassermänner-Frauen
sind gar zu lieblich anzuschauen.
Meernixen drehen sich im Tanz
und wackeln mit dem Nixenschwanz.
Man singt und lacht, ißt frischen Fisch.
Als Speise lockt verführerisch
Salat aus Tang. Die Limonade
schmeckt etwas wässerig und fade.
Doch sonst ist alles wohlgelungen;
die Alten tanzen mit den Jungen.
Drehst du zur mitternächtigen Stunde
am Waldsee deine Joggingrunde,
wirst du die Feiernden nicht stören.
Doch kannst du sie dort singen hören.
Auch wir sind dran, ein Fest zu machen.
Wir brauchen Leute, die gern lachen.
Zu feuchtem Partyspaß im Frei'n
laden wir (euch beide) heute ein.
Das Fest, Ihr ahnt's schon, ist für Kenner,
nicht ausschließlich für Wassermänner.
Feuchtfröhlich wird's auf jeden Fall
mit Popmusik und Korkenknall.
Wann es losgeht, haben wir aufgeschrieben.
Wir rechnen fest mit euch, ihr Lieben!

Seltenes Vergnügen

Am Wasserfall ist heut was los,
da stehn und plätschern klein und groß;
das freilich kommt vom Sonnenschein.
Wenn's regnet, soll hier gar nichts sein.
Dann ist die Stätte öd und leer,
dann siehst du keine Menschen mehr.
Ist aber schön die Urlaubszeit,
dann kommen sie von weit und breit
mit Bahn und Auto angerast,
und dann geht's los, nur aufgepaßt:
Es springt der Opa in die Fluten,
sein schwarzer Pudel muß sich sputen,
daß nicht sein Ball im Strom wegtreibt.
Die dicke Tante, wohlbeleibt,
die wagt es schon zum drittenmal
und hockt sich in den Wasserschwall.
Die meisten Kinder sind ganz nackt.
Die großen Jungen, es ist vertrackt,
die wollen mit den Mädchen schäkern
und sie mit Algen gar bekleckern.
Die Girls jedoch in Schaum und Naß,
die wehren sich und schreien: „Was
fällt euch nur ein, haut ab!" und spritzen
nun naß die, die am Ufer sitzen.
So geht es fort den ganzen Tag
für jeden, der hier baden mag.
Wer wird drum murren oder schelten:
die schönen Tage sind so selten!

Zur Kräuterweihe an Mariä Himmelfahrt (15. August)

Zum Gottesdienst in die Kirche geschritten
kommen wir heute; und wir bitten
uns gütig unsere Kräuter zu weihn,
wir banden sie alle zu Sträußen fein:
Wermut, Kamille, Thymian,
Johanniskraut, Schafgarbe, Baldrian,
Königskerze und Haselnuß,
dazu noch viel reife Ähren zum Schluß.
Wir wollen sie am Haus, an der Scheune aufstecken,
Blitz, Donner und Krankheit sollen uns nicht schrecken.
Den Klatschmohn, den üblen, ließen wir aus,
der bringt uns sonst Tod oder Hexen ins Haus.
Die Büschel, geweiht nach Brauchtum und Art
am Tage Mariä Himmelfahrt,
sie sollen uns alle gesegnet sein,
und so ziehen ins Gotteshaus wir ein!

Wurstbettellied zum Schlachtfest

Ich hab gehört, ihr habt geschlacht'.
Habt ihr auch für mich 'ne Wurst gemacht?
Ich habe Hunger und auch Durst
auf eine lange Leberwurst.

Volksgut

Einer fröhlichen Seniorinnenrunde zum Herbstbeginn

Verehrte, frohe Damenrunde!
Heut in des Sommers letzter Stunde,
wenn Spinnen Silberfäden ziehn
und erste Herbstzeitlosen blühn,
komm ich zu diesem Kaffeekränzchen
mit Schwatz, Musik und einem Tänzchen,
und wünsche allen Heiterkeit,
grad wie das Wetter ist zur Zeit.
Es zieht, wie allgemein bekannt,
Altweibersommer durch das Land,
bevor des Herbstes Stürme toben.
Drum wollen wir diese Tage loben.
Ich wünsch den Damen keinen „Kommer",
und einen fröhlichen – Altweiber- bzw. Seniorinnensommer!

Trinklied im Verein

Greift zum Becher und laßt das Schelten!
Die Welt ist blind.
Sie fragt, was die Menschen gelten,
nicht, was sie sind.
Uns aber laßt zechen – und krönen
mit Laubgewind'
die Stirnen, die noch dem Schönen
ergeben sind!
Und bei den Posauenstößen,
die eitel Wind,
laßt uns lachen über Größen,
die keine sind!

Heinrich Leuthold

Zum Kaffeeklatsch

Der Kaffee ist, das muß man sagen,
ein Hochgenuß für jeden Magen!
Er stärkt das Herz sowie die Lunge
und regt auch listig an die Zunge;
bald plätschert wie ein Wasserfall
der aufgeregte Redeschwall:
„Wissen Sie schon?" „Was sagen Sie?"
„Ach, so etwas!" „Ich ahnt' es nie!"
„Ich bin entsetzt!" „Und ich empört!"
„Das ist ja einfach unerhört!"
„Man könnt' es melden dem Gericht!"
„Nein, so was gab es früher nicht!"
So geht es hitzig hin und her,
bis endlich ist die Kanne leer.
Der Pfiffi sitzt im Hintergrund,
macht Augen groß und kugelrund,
er denkt bei sich: Wie sonderbar
gebärdet sich manch Menschenpaar!
Wenn auf dem Tisch so gute Sachen,
wollen wir viel lieber vergnüglich lachen!

Lenalisa Francke-Hagedorn

Feste im Heim und im Verein

*Prolog zur ersten Theateraufführung
durch eine Laienspielschar*

Ansager:
Der Bauer Nou hatt' eine Kuh,
die gern auf Stelzen ging.
Wer jene Kuh sah, sprach erstaunt:
„Das ist ein dickes Ding!"
In Thailand lebte diese Kuh
mit einem Ring im Ohr.
Doch wer die Kuh auf Stelzen sah,
dem kam sie spanisch vor.
Das Rindvieh übte Tag und Nacht,
es war bestimmt nicht faul.
Doch einmal ist ein Stab zerkracht,
da fiel die Kuh aufs Maul.
Seit diesem Tage kann die Kuh
sich nur im Gras mehr wälzen.
Sie möchte nur noch ihre Ruh'
und geht nie mehr auf Stelzen.
Ach, das ist schade! Niemand kann
die Kuh bei ihrem eigen-
artigen Kunststück seh'n. Sie will
es keinem Menschen zeigen!
Ganz anders ist es hier bei uns;
wir treten mutig vor
und möchten jeden „Patzer" vermeiden.
Ich hoff, ihr seid ganz Ohr.
Wir brauchen euren Zuspruch sehr,
und Nachsicht auch vor allem,
damit wir nicht wie jene Kuh
gleich auf die Schnauze fallen.
Wir haben manche Nacht geübt
bis morgens in der Frühe,

und im Ensemble findet ihr
auch keine dummen Kühe.
Selbst Ochsen oder Esel gibt's
hier nicht; ihr werdet's verstehen.
Dafür sind viele Idealisten
in unserem Kreis zu sehen.
Sie schunden und sie quälten sich,
um euch heut zu gefallen,
und als Belohnung erhoffe ich
den Beifall von euch allen!

Dem neuen Schützen im Verein

Hier können Sie nun Freunde treffen!
Doch geht nicht jeder Schuß ins Ziel.
Wir wollen Sie darum auch nicht äffen,
denn – Freunde gibt es sonst nicht zuviel!
Sie schauen, als würden Sie jetzt stutzen.
Als neues Mitglied im Verein
uns als ein lebend Ziel benutzen,
das sollte nur – geblödelt sein.
In unserem Klub neu aufgenommen,
empfangen wir Sie mit: Gut Schuß!
Und daß Sie stets ins Schwarze treffen,
ist nur ein Kann, jedoch kein Muß.

Zum Tanzdiplom – dem idealen Paar

Du hast geschwoft mit heiterem Sinn.
Zusammen mit der Partnerin
ist dir verliehen worden
Diplom und Silberorden.
Der Schweiß ist euch nicht ungewohnt,
jedoch das Training hat gelohnt.
Die Mühe lohnte sich
für beide sicherlich.
Wir bitten euch nun, seid so nett,
legt eine Sohle aufs Parkett,
tanzt euren Ehrentanz,
laßt euch bewundern ganz.
Dem Rhythmus folgt; mit Haut und Haar
seid ihr das strahlende Siegerpaar!

Einer Fußballmannschaft zum Sieg

Ihr kickt das Leder, daß es kracht,
die ganze Mannschaft ist 'ne Pracht,
und heut – wie konnt' es anders sein –
da hautet ihr mal richtig rein.
Der Gegner reist geknickt nach Haus,
für ihn ging eine Kerze aus.
Doch euch verhalf ein Schuß zum Siege,
jetzt steht ihr strahlend da. Die Riege
ist stolzgeschwellt, denn nach der Hatz
winkt ein guter Tabellenplatz.
Der Sprung nach oben ist euch gegönnt
von jedem, der euch schätzt und kennt!

Wer das Glückslos zieht

Wir dürfen Ihnen heut zu Ihrem
Glückslos herzlich gratulieren!
Lieber Freund, Sie sind ein Schlimmer:
Sparsam waren Sie schon immer.
Doch nun plötzlich – Gott sei Dank –
machten Sie den großen Fang!
Glückwunsch zu dem großen „Fisch",
und ein Sektglas auf den Tisch!

Tischrede zum Fest

Mein Rednertalent ist leider zu klein,
daß mit Reden ich könnt' mich befassen;
doch fällt mir ein hübsches Sprichwort ein:
„Leben und leben lassen!"
Am Worte, womit das Sprüchlein beginnt,
kann man keinen Zweifel erheben,
wir alle, die wir hier versammelt sind,
wir wissen ja alle zu leben.
Doch die zweite Hälfte, die macht mich verzagt,
an diesem Teil bleib ich kleben;
denn „leben lassen" ist bald gesagt,
doch fragt's sich: Wen laß ich leben?
Ein jeder von uns hier ist wacker und gut,
und jeder gilt mir als der Beste;
drum ergreif ich dies Glas mit Rebenblut:
Es leben hoch – alle Gäste!

                    Volksgut aus neuerer Zeit

Zum Stiftungsfest

Laßt uns in Vereine treten,
denn dazu sind sie ja da.
Hilfreich durch Sozietäten
tritt der Mensch dem Menschen nah.
Lasset uns Statuten machen,
denn darauf ja kommt es an,
daß man etwas überwachen
oder es verändern kann.
Laßt uns Stiftungsfeste feiern,
denn das ist die höchste Lust;
und wir schlagen froh die Leiern,
unsres hohen Ziels bewußt.
Einsam baut der Uhu seinen
Horst in Wäldern wild und roh;
aber einzig in Vereinen
wird der Mensch des Daseins froh.

Johannes Trojan

Trinkspruch zur Wiederkehr eines Stiftungsfestes

Mit vollem Glas nach alter guter Sitte
ertön' es laut aus unserer frohen Mitte:
Für heute und für lange noch
dem Stiftungsfest ein Lebehoch!

Aus dem 19. Jahrhundert

Trinkspruch auf den neu gewählten Vorstand

Wir grüßen herzlich, die an unsere Spitze
getreten sind nach allgemeiner Wahl;
der Vorstand ist ja des Vereines Stütze,
drum greifen wir für ihn jetzt zum Pokal.
Und zu des neuen Vorstands Ehren
laßt uns den edlen Rebensaft
bis auf den letzten Tropfen leeren
zum Lebehoch aus voller Kraft!

Aus dem 19. Jahrhundert

Gefaxtes von Faxenmachern

Lustige Grüße und Sprüche zu besonderen Gelegenheiten lassen sich heutzutage auch, viel schneller als mit der Briefpost, von Büro zu Büro faxen. Bei Geburtstagen und Jubiläen sind solche Überraschungsfaxe, den sonstigen Geschäftsbriefen untergemischt, eine freudige Unterbrechung des langweiligen Arbeitstrotts. Wie wär's mit einem selbstverfaßten Versuch? Vielleicht sogar mit einem Fax für den Chef? Oder für Leute, die Spaß verstehen, gar mit einem ferngeschriebenen „Überfall" wie dem folgenden:

„HÄNDE HOCH!
Dies ist ein
ÜBERFAX!
Faxen Sie uns sofort Ihr gesamtes Bargeld,
oder wir erledigen Ihr Faxgerät mit einem
gezielten Stromstoß!"

Beim Ausdenken ähnlicher Faxereien sind der Phantasie wahrlich keine Grenzen gesetzt.

ABSCHIED UND REISE

Wir Menschen des zwanzigsten und einundzwanzigsten Jahrhunderts können nach wie vor Trost beim Abschied und Glück für unsere Reisen gebrauchen. Abgesehen von den Gefahren eines Unfalls – die zwar geringer sind als die Unwägsamkeiten, denen ein Reisender in früheren Jahrhunderten ausgesetzt war, als Wegelagerer und Beutelschneider ihn drangsalierten –, kann selbst eine fröhlich geplante Urlaubsreise zum Fiasko werden: Seinen Trübsinn und seine Schwermut kann niemand durch einen reizvollen Aufenthalt im Ausland oder durch viele Ortswechsel vertreiben. Die häuslichen Probleme reisen immer mit. Das wußten schon kluge Köpfe in altrömischer Zeit, und der Grieche Sokrates soll gesagt haben: „Was wunderst du dich, daß dir deine Reisen nichts nützen? Du nimmst dich doch überall mit hin! Auf dir lastet stets das, was dich in die Ferne trieb." Glück für die Reise kann also jedermann gebrauchen. Den Abschied hingegen sollten Gedichte aus vergangenen Tagen dokumentieren, als ein Abschied oft noch ein Abschied fürs ganze Leben war. Und da alles, was auf dieser Erde einmal war, in regelmäßigen oder unregelmäßigen Abständen wiederkehrt, einschließlich der Kriege, des Hungers und der Seuchen, hat auch der Abschied seine Bedeutung noch nicht eingebüßt und somit einen Platz in dieser Anthologie verdient.

Ade nun, ihr Lieben!

Wohlauf, noch getrunken den funkelnden Wein!
Ade nun, ihr Lieben, geschieden muß sein.
Ade nun, ihr Berge, du väterlich Haus.
Es treibt in die Ferne mich mächtig hinaus!
Die Sonne, sie bleibt doch am Himmel nicht stehen,
es treibt sie, durch Länder und Meere zu gehen;
die Woge nicht haftet am einsamen Strand,
die Stürme, sie brausen mit Macht durch das Land.
Mit eilenden Wolken der Vogel dort zieht
und singt in der Ferne ein heimatlich Lied.
So treibt es den Burschen durch Wälder und Feld,
zu gleichen der Mutter, der wandernden Welt.
Da grüßen die Vögel, bekannt überm Meer,
sie flogen von Fluren der Heimat hierher;
da duften die Blumen vertraulich um ihn,
sie trieben vom Lande die Lüfte dahin.
Die Vögel, die kennen sein väterlich Haus.
Die Blumen einst pflanzt er der Liebe zum Strauß:
und Liebe, die folgt ihm, die geht ihm zur Hand.
So wird ihm zur Heimat das fernste Land.

          Justinus Kerner

Abschied und Reise

Wanderlied

Glückauf! Nun will ich wandern
von früh bis abends spät,
so weit auf dieser Erde
die Sonne mit mir geht!
Ich führe nur Stab und Becher,
mein leichtes Saitengetön'.
Ich wundre mich über die Maßen,
wie's überall so schön.
Oft ist die Ebene schöner
als meine Berge, so hoch!
Und wo kein blauer Himmel,
gibt's Purpurwolken doch.

       Gottfried Keller

Scheiden tut weh

Wenn die Schwalben heimwärts ziehen
und die Rosen nicht mehr blühen,
wenn der Nachtigall Gesang
mit der Nachtigall verklang,
fragt das Herz in bangem Schmerz:
Ob ich dich auch wiederseh?
Scheiden, ach, Scheiden tut weh!
Wenn die Schwäne südlich ziehen,
dorthin, wo Zitronen blühen,
wenn das Abendrot versinkt,
durch die grünen Wälder blinkt,
fragt das Herz in bangem Schmerz:
Ob ich dich auch wiederseh?
Scheiden, ach, Scheiden tut weh!

Armes Herz, was klagest du?
Oh, auch du gehst einst zur Ruh'.
Was auf Erden, muß vergehen! –
„Gibt es wohl ein Wiedersehen?",
fragt das Herz in bangem Schmerz.
Glaub, daß ich dich wiederseh,
tut auch heut das Scheiden weh!

Carl Herloßsohn

Lebewohl

Lebe wohl! – du fühlest nicht,
was es heißt, dies Wort der Schmerzen,
mit getrostem Angesicht
sagtest du's und leichtem Herzen.
Lebe wohl! – Ach, tausendmal
hab' ich es mir vorgesprochen
und, in nimmersatter Qual,
mir das Herz damit zerbrochen!

Eduard Mörike

Zur Beherzigung

Man reist, damit es uns zu Haus erst recht gefalle;
und wer durchs Leben reist, der ist im gleichen Falle.
Nur daß der Reisende hier nicht die Heimat kennt,
und nur am Heimweh fühlt, er ist von ihr getrennt.
Gereist zu sein, wie wird's dich in der Heimat laben;
und einst wie lieblich wird es sein, gelebt zu haben.

Friedrich Rückert

An einen Freund, der nach Paris reist

Mein junger Freund, du gehst zur Stadt,
die mich so sehr gefesselt hat
in jungen Jahren;
zur Stadt, in der mein stürmisch Herz
Meere von Freuden, Meere von Schmerz
einst hat durchfahren.
Ich selbst betrete sie nimmermehr
die Stadt, so heiter, stolz und hehr,
denn es ist bitter,
wiederzusehen bei Jahren das Schloß,
wo man so lustig getummelt das Roß
als junger Ritter.
Ich, nimmer jung, sah Traum um Traum
von mir scheiden, wie Laub vom Baum
im Herbst zerstiebt.
Weiße Fäden trag ich im Haar
und gehöre nicht mehr zu der Schar,
die lacht und liebt.
Andere Jahre, andere Art!
Jugend zieht aus zu lustiger Fahrt,
sie schwitzt und friert!
Alter ist häuslich und lugt aus
nach jungem Volk, das fern vom Haus
sich verlustiert.
Daß du es tust mit Maß und Ziel,
brauch ich dir nicht Bürgschaft viel,
herzlieber Junge!
Drum zieh aus – die Welt ist dein –
und verstauche dir nie ein Bein
beim Freudensprunge!

Alfred Meißner

Du bist fern

In meinem Garten die Nelken
mit ihrem Purpurstern
müssen nun alle verwelken,
denn du bist fern.
Auf meinem Herde die Flammen,
die ich bewacht so gern,
sanken in Asche zusammen,
denn du bist fern.
Die Welt ist mir verdorben,
mich grüßt nicht Blume, nicht Stern;
mein Herz ist lange gestorben,
denn du bist fern.

Emanuel Geibel

Lieben Menschen zum Abschied

Laub und Gras, das mag verwelken,
aber unsere Liebe nicht.
Du kommst mir aus meinen Augen,
aus dem Herzen aber nicht.

Aus der Altmark

Was willst du in der Fremde tun?
Es ist ja hier so schön, so schön.
Ich reiche dir die zarte Hand
und sag: Jetzt kannst du gehn!

Nach Adolf Glaßbrenner

Abschied und Reise

Drei Rosen im Garten,
drei Tannen im Wald,
laß mich nicht lang warten,
und schreibe mir bald.

Aus Österreich

Wenn du meiner solltst vergessen,
soll dich gleich der Wauwau fressen!

Aus Hessen

*Einem Menschen, dem man
zum Abschied eine Locke schenkt*

Nimm sie hin, die blonde Locke.
Ewig, ewig lieb ich dich!
Traurig schlägt die Abschiedsglocke.
Lebe wohl, vergiß mein nicht!

Aus dem 19. Jahrhundert

Guten Flug

Erhebe dich über die Wolken
und sei der Sonne nah.
In ein paar Stunden empfängt dich
das ferne Amerika!

Zur ersten Flugreise

Wer reiste um das Erdenrund,
blieb früher stets auf festem Grund.
Doch heute geht es in die Lüfte.
Auch dich umwehen bald die Düfte
der großen, schönen, weiten Welt.
Dein Kompaß sei auf „Glück" gestellt.
Der erste Start ist ein Erlebnis.
Ein guter Flug sei das Ergebnis,
daß, wenn du aus dem Fenster guckst,
du nicht gleich in die Tüte spuckst!

Glück für den Flug in den Frühling

Wo blühen die Rosen im Februar,
wo prangen hellgelbe Kakteen,
und wo wachsen rosa Geranien?
In Spanien kannst du sie sehen!
Wenn's bei uns noch eiskalter Winter ist,
dann beginnt dort die Mandelblüte;
und wenn hier die ersten Schneeglöckchen läuten,
blühn Mimosen, du meine Güte!
Unsre (Oma), die fliegt jetzt gen Süden hin
und kommt erst Ostern zurück.
Wir wünschen ihr Freude und Sonnenschein
und Freunde, damit sie dort nicht allein,
und für die Reise – viel Glück!

Du bist nicht aufzuhalten

Erlebnishunger heißt das Wort,
es treibt dich von zu Hause fort.
Es treibt dich rum auf dieser Erden:
Ich wünsch dir, davon satt zu werden!

*Einem sonnenhungrigen
Rucksacktouristen*

Wo die Apfelsinen blühn,
zieht's dich immer wieder hin.
Du streunst dort rum auf deine Weise:
Alles Gute für die Reise!

Ski Heil!

Im Winter, wenn es schneit,
ist alles weiß und weit.
Die Wiesen und die Felder,
die Dörfer und die Wälder.
Der Kirschbaum hat 'ne Mütze,
Sturm pfeift durch jede Ritze.
Dir, Jürgen, macht's nichts aus,
du mußt zum Skifahren raus.
Du willst die Winterfreuden
erleben, nicht erleiden.
Doch: Ist der Schnee recht harsch,
fällt mancher auf den ... Rücken!

Ich schick dir liebe Grüße

Wir fahren in den Urlaub,
weit weg, wo's nicht mehr stinkt;
wir reisen nach Italien,
wo der Po im Meer versinkt.
Wer wird denn da gleich lachen?
Der Po, das ist ein Fluß,
an seinem Sandstrand baden wir,
das macht uns nicht Verdruß.
Es fließen alle Flüsse
wohl irgendwann ins Meer.
Ich schick dir liebe Grüße
von der fernen Po-Mündung her.

Zur Abenteuerreise

Für dein neueres
ausgesprochen teueres
Reiseabenteuer
wünsch ich dir schon heuer
recht viel Glück, mein Allerbester!
Deine kleine Schwester.
PS: Mögen dir auf deiner Fahrt
Menschen nur der guten Art
nah sein und begegnen.
Mög' dich der Himmel segnen!

Gruß aus dem Urlaub

Beste Wünsche richte
ich an meine Nichte
hier mit dem Gedichte.
Deine Tante Hella
PS: Niemand ist schnella
als Tante Hella!

An Berta – aus dem Orient

Liebe Berta, mir geht es gut.
Wie geht es dir? Was macht dein Blut-
druck? Arabien würde dir gefallen;
bestimmt käm hier dein Blut ins Wallen!

*Festliche Blumenkarte
aus der Ferne*

Man druckte Rosen
auf dieses Papier.
Kann ich nicht bei dir sein,
so schick ich sie dir!
Zum heutigen Feste
viel Freude, viel Ehr',
und mach draus das Beste,
oder – komm zu mir her!

Brief aus dem Urlaub

Es ist ein ganzes Jahr vergangen!
Immer hatte ich Verlangen,
dich auch einmal zu besuchen.
Bei Kaffee und gutem Kuchen
hätten wir so viel zu reden
über alles oder jeden.
Doch das lange Jahr verrann.
Ehe ich mich recht besann
war's schon gar, und wieder nicht
gab's ein Treffen. Dies Gedicht,
Annegret, sei nicht gekränkt,
sagt, daß jemand an dich denkt!

*Postkarte an einen
säumigen Briefschreiber*

Hast du heute arbeitsfrei,
geh nicht zur Konditorei,
kaufe weder Keks, noch Kuchen.
Auch 'ne Cola zu versuchen,
falle dir gewiß nicht ein.
Schlaf nicht vor dem Fernseher ein!
Laß das lieber alles sein
und schau nicht gleich mürrisch drein.
Ja, das Trinken und das Essen
kannst du ruhig mal vergessen.
Aber eines rat ich dir:
Säume nicht und schreibe mir!

ERNTEDANK

Zum Erntedankfest auf dem Lande war es früher üblich, daß Knecht und Magd ihrer Herrschaft auf den Gutshöfen die Ährenkrone mit einem Dankgedicht überreichten. Eine Belohnung war ihnen dafür sicher, zumindest ein Festessen mit Braten, Kuchen, Bier und Schnaps. Heute hat das Erntefest ein wenig an Bedeutung verloren. Die größte Plackerei bei der Einbringung des Erntesegens erledigen moderne Landwirtschaftsmaschinen. Der Teil der Bevölkerung unseres Landes, der sich noch mit Ackerbau und Viehzucht beschäftigt, wird von Jahr zu Jahr geringer, seitdem der Computer den Erntetermin berechnet und den Ernährungsplan für das Mastvieh aufstellt.

Doch neben dem Erntefest gibt es am ersten Sonntag im Oktober den Erntedanktag. Dieses Datum ist auf dem Dorfe eine gern wahrgenommene Gelegenheit zu einem Termin mit Gott. Seine unsichtbare Hand spendet nach wie vor den Segen, damit Getreide, Früchte und Gemüse gut gedeihen.

Beim Gottesdienst werden die überlieferten christlichen Lieder zum Erntedank gesungen. Altes Spruchgut kommt beim Kirchgang, bei umrahmenden Veranstaltungen oder beim abendlichen Tanz sowie bei fröhlichem Festschmaus zu Gehör.

Gute Ernte

Ich trete mit dem Korb hier ein,
was mag in diesem Fruchtkorb sein?
Die Ernte unserer Felder,
die Früchte unserer Wälder.
Herbstblumen aus dem Garten,
bunt, von verschiedenen Arten.
Ich habe sie gepflückt,
den Korb damit geschmückt.
Korn, Rübe, Kürbis, Kohl,
Weintraube, Apfel, – wohl
ein Bündel Flachs, Mais, Lauch,
Möhre und Zwetschge auch.
Pilz, Hagebutten, Schlehen
sind in dem Korb zu sehen;
der Sonnenblume Blüte,
Symbol von Gottes Güte!
Euch bring ich diesen Korb heut dar:
Reich war die Ernte dieses Jahr!

Dankspruch am Erntefesttag

Wir haben die Scheuer vollgetragen.
Wir brachten heim den letzten Wagen.
Die Ernte ist geborgen,
und niemand braucht zu sorgen.
Drum gehe jeder gern
und danke froh dem Herrn.

Erntedankfest

Mein Baum trägt rote Blätter.
Die Nächte werden lang,
und stürmisch tobt das Wetter.
Wir haben Erntedank.
Wir bringen Feldmelonen
und Blumen wunderbar,
Getreide, Brot und Bohnen
als Gabe zum Altar.
Wir häufen süße Trauben,
des Feldes ganze Pracht.
Wir loben, froh im Glauben,
den Herrn, der dies gebracht.

Erntedank

Ihr lieben Leute, laßt euch sagen:
Wir brachten heim den letzten Wagen;
wir brachten heim die letzten Garben:
Nun soll im Lande keiner darben!

O Erntezeit, o heilige Zeit,
o Segen ohne Ende!
So hebt in hoher Freudigkeit
zum Himmel eure Hände
und danket alle Gott!

Volksgut

Wir wollen danken

Heute ist der Erntedanktag,
heute ist das Erntefest;
heut wollen wir uns darauf besinnen,
daß es sich prächtig danken läßt!

Danksprüche

Erde, die uns dies gebracht,
Sonne, die es reif gemacht.
Liebe Sonne, liebe Erde,
euer nie vergessen werde.

Christian Morgenstern

Erntedankspruch

Wenn das letzte Heu gemäht
und der Pflug im Felde geht,
wenn die Ernte unter Dach
und voll Korn das Scheunenfach,
kommt der Tag des Herrn heran,
da der Bauer danken kann,
danken, daß ein Spender ist,
der auch unser Teil bemißt.

ADVENT UND NIKOLAUS

Am 6. Dezember, oder auch schon am Abend vorher, warten wir auf den Nikolaus. Der war nun wirklich ein merkwürdiger Heiliger! Zum einen war da sein Hang zur Schiffahrt. In der höchsten Not war er immer zur Stelle, um das Steuer herumzureißen und den Schipperkahn im brausenden Wogenmeer vor dem sicheren Untergang zu bewahren. Als eine große Hungersnot drohte, ließ er noch gerade rechtzeitig die lebensrettenden Getreideschiffe anlanden.

Aber er tat nicht nur Gutes, er duldete auch keine Unmoral: Den als Liebesdiener verkauften schönen Jüngling holte er Kraft seines Gebetes aus der Sklaverei zurück. Drei unschuldig aus der Heimat vertriebene adelige Jungfrauen versorgte er mit jeweils einem goldenen Apfel, damit sie, nunmehr standesgemäß ausgesteuert, heiraten konnten. Und dann waren da noch die drei von einem Herbergswirt aus Habgier geschlachteten und in einem Pökelfaß aufbewahrten Burschen, die der Heilige wieder lebendig machte. Nun, das sind Legenden, und die Geschichtsforscher haben sich daran bereits die Zähne ausgebissen.

Wenn man alles nicht so wörtlich nimmt, bleiben Tatsachen: Nikolaus war ein Helfer der Bedrängten, der die Mächtigen nicht fürchtete!

Zum 1. Advent (einem Fernsehfan!)

Am 1. Advent stell den Fernseher an.
Dann kannst du dich wundern, mannomann!
Ein netter, süßer, kleiner Mord
auf dem Bildschirm hebt die Stimmung sofort.
Schalte um! Gleich siehst du Gewehrfeuer blitzen
und Menschen verbluten, wenn Kugeln flitzen.
Der Bunker des Feldherrn dagegen hat
eine Minibar und Marmorbad.
Kanonendonner hörst du hier nicht,
wenn der General zu dem Volke spricht;
und was er erzählt, ist zum Haare ausraufen.
Von Leichen siehst du einen großen Haufen,
der stimmt dich auf friedliche Festtage ein,
wo Mütter still weinen und Kinder laut schrein.
Diesmal geht's mit Krachen in den Advent,
wenn das erste Lichtlein am Tannenkranz brennt.
In den Nachrichten gibt's eine Demonstration,
einen Überfall, Bankraub, das kennen wir schon.
Aus dem Sahelgebiet zeigt man arme Krüppel,
aus Amerika Polizistenknüppel.
Nun schalte sie ab, die Tagesschau.
Zum Cowboyfilm gibt's nur die Augen „blau".
So vielfältig ist die Programmgestaltung;
für die s t i l l e Z e i t. – Gute Unterhaltung!

Telegramm zum 6. Dezember

Der Heilige, der zu dir kam,
gab dir mehr, als er dir nahm.
Nach dem heiligen Nikolaus
lautet auch dein Name, Klaus!
Halt den Heiligen stets in Ehren,
er wird dir den Kummer wehren.

Unerhörter Vorfall

Dem Nikolaus ist was passiert,
was sich wohl ehrlich nicht gebührt.
Der heilige, der gute Mann
kam pünktlich in der Großstadt an,
und viele sahen ihn beizeiten
zu dem Hotel Vier Mohren schreiten.
Der Gute an ein Bürschlein dachte,
das mit den Eltern Urlaub machte
und sich schon freute im Hotel.
Der Heilige war besonders schnell
und freudestrahlend sahen's alle:
er stapfte durch die große Halle.
Doch dort hat man den guten Alten
vorn am Empfang schnöd aufgehalten,
denn der Portier wies den bekannten
Niklaus zur Tür – für Lieferanten!

Versöhnt mit dem Nikolaus

Nikolaus, nimm dich in acht,
was man alles mit dir macht!
In Brasilien ist's gewesen,
in der Zeitung war's zu lesen,
daß in Rio du vor allen
Leuten einfach überfallen
worden bist von frechen Kindern,
die, um ihre Not zu lindern,
als du stapftest durch die Straßen,
alle deine Bonbons aßen
und die Plätzchen aus dem Sack,
den du schlepptest huckepack,
einfach klauten und dazu
dich auch ließen nicht in Ruh',
sondern zupften an den Bart,
dich auslachten – das war hart!
Necken wollten sie dich dann;
du verziehst's, du guter Mann!
Hier bei uns ist's nicht so schwer.
Lieber Niklaus, komm nur her:
Wir sind nicht so freche Rangen!
Höflich wirst du hier empfangen.
Brav sind wir, zumindest ziemlich,
und längst nicht so ungestümlich
wie in Südamerika
diese frechen Buben da.
Hast du uns was mitgebracht,
was uns Kindern Freude macht,
wirst du auch nicht ausgelacht:
Herzlich sei dir Dank gesagt!

Oh, du lieber
Nikolaus

Oh, du lieber Nikolaus,
komm ins Haus,
komm ins Haus.
Oh, du lieber Nikolaus,
komm in mein Haus!
Ich war brav
wie ein Schaf,
immer brav,
selbst im Schlaf.
Oh, du lieber Nikolaus,
komm in mein Haus.

Oh, du lieber Nikolaus,
pack nur aus,
pack nur aus.
Oh, du lieber Nikolaus,
pack alles aus!
Teddy und
Stoffell-Hund.
Gute Sach',
keinen Schund.
Oh, du lieber Nikolaus,
pack alles aus.

Oh, du lieber Nikolaus,
ei der Daus,
ei der Daus!
Oh, du lieber Nikolaus,
schau, ich halt's aus:
Weise Lehrn
kann ich hörn;

will mich drum
nicht beschwern.
Oh, du lieber Nikolaus,
ich halt das aus!

(Melodie: „O du lieber
Augustin")

*Nikolaussprüche für
artige Kinder*

Niklaus, Niklaus, schöner Herr!
Gib her, gib her, was ich begehr:
Zucker, Nuß und Mandelkern
essen die Kinder gar zu gern.

Aus Österreich

Nun kommt bald das Dampfschiff aus Spanien an.
Es bringt uns Sankt Niklaus, den heiligen Mann.
Da hoppelt sein Pferdchen nach Luv und nach Lee,
da flattern die Wimpel hoch über der See.

Vom Niederrhein

Ein ganz kleiner Nikolaus
ging in ein Haus;
da leerte er sein Säckchen aus,
dann ging er wieder aus dem Haus heraus.

Aus Frankfurt

Ich bin nur ein Dreikäsehoch,
ich bin ein kleiner Mann;
doch wünsch ich mir aus Niklaus' Sack,
soviel ich wünschen kann.

Nikolaus, sieh unsere Not,
bring uns bißchen Zuckerbrot,
nicht zu groß und nicht zu klein;
wirf es durch den Schornstein rein.

Aus Oldenburg

Ich bitte dich, Sankt Niklaus, sehr:
In meinem Hause auch einkehr.
Bring Bücher, Kleider und auch Schuh'
und noch viele schöne Sachen dazu.
So will ich lernen wohl
und fromm sein, wie ich soll.
Amen.

Volksgut

Nikolaus, Nikolaus, huckepack,
schenk uns was aus deinem Sack!
Schütte deine Sachen aus,
gute Kinder sind im Haus!

Volksgut

*Zwei weitere kleine
Nikolausgedichte*

Nikolaus, du guter Mann,
schau mich nicht so grimmig an!
Gib mir lieber ein Geschenk,
daß ich gerne an dich denk.
Äpfel, Nüsse hätt' ich gern
oder einen Zuckerstern!

Seht den lieben Niklaus an,
was er alles schleppen kann!
Tannenbaum und Weihnachtsstern
haben alle Kinder gern.
Püppchen, Büchlein, Marzipan
bringt der gute Niklaus an!

*Nikolausspruch
für unartige Kinder*

Lieber, lieber Nikolaus,
komm herein zu mir.
Ich pack dich bei der Zipfelkapp'
und werf dich vor die Tür.

Aus Nürnberg

WEIHNACHTEN

Der Tag der Geburt unseres Heilands ist der höchste Feiertag einer jeden christlichen Familie. Vielleicht ist es der Zeitpunkt dieses Festes „mitten im kalten Winter", der es so heimelig und herzerwärmend macht. Der Dreiklang von Weihnachten, Jahreswechsel und Dreikönigstag bildet das Festangebot der kalten Jahreszeit. Im Karneval und spätestens zu Ostern erwarten und begrüßen wir bereits den Frühling. In den fast zwei Wochen der „Rauhnächte" jedoch ist es nur der wärmende Schein der flackernden Kerzen, der uns auf kommende, hellere Monate hoffen läßt.
Weihnachten ist das Fest der Liebe. Wir ersticken fast im von Herzen kommenden oder auch nur gutgemeinten Gabensegen. Das Verschicken von Päckchen und Weihnachtsgrußkarten hat Hochkonjunktur; auch die Geschäftswelt mischt eifrig mit. Wer es persönlich mag und haben will, der greife zur Feder oder zum Kugelschreiber: Ein selber gereimtes oder für den jeweiligen Zweck umgeschriebenes Gedicht erfreut oft mehr als ein lieblos übersandtes teures Prachtgeschenk. **Dank**verse für Großeltern und andere nahe Verwandte, von Kindern überbracht, dürfen ebenfalls sauber auf ein Kärtchen geschrieben und überreicht werden.

*Nach dem vierten Sonntag
im Advent*

Das Herz wird weit, macht auf die Tür:
Am Kranze brennen Kerzen vier,
die heil'ge Zeit ist wieder nah,
ich bin mit meinem Glückwunsch da,
Ihr dürft ihn nicht verachten:
Gesegnete Weihnachten!

Die Weihnacht kommt

Die Weihnacht kommt im Sauseschritt,
die kleine Maus saust eilig mit,
ihr Mäuserich saust hinterdrein,
das muß eine fröhliche Weihnacht sein.
Im Zimmer steht ein Tannenbaum,
den Mäusen ist es wie im Traum.
Lebkuchen knabbern, welch ein Glück!
Die Mäuschen fressen sieben Stück.
Doch dir wünsch zur Weihnacht ich viel mehr:
einen Riesensack, von Geschenken schwer,
keine Sorgen mehr, keinen Kummer, kein Leid,
und eine echte Zeit der Besinnlichkeit!

Eine fröhliche Weihnachtszeit

Heut morgen klingelte vorm Zoo
der Postausfahrer Holldrio;
er hat da etwas zugestellt.
Ein Päckchen war's aus ferner Welt.
Ein Weihnachtspäckchen kommt seit Jahren
zum Christfest fern von den Kanaren.
Wenn's Weihnacht wird, dann ist sie da,
die Post aus Gran Canaria,
stets adressiert: „Ans Affenhaus".
Die Affen packen alles aus
und finden acht bis neun Bananen,
gespendet von den Affen-Ahnen,
die noch in freier Wildbahn wohnen.
Dies Päckchen tät sich gar nicht lohnen,
wär's nicht gedacht als Christgeschenk.
Bananen gibt's genug, ich denk,
bei uns, und jeder Affe hat
im Speiseplan: Bananen satt!
Doch um den Inhalt geht es nicht.
Gleichwohl aus dieser Sendung spricht
die Liebe und Verbundenheit
von Tier zu Tier zur Weihnachtszeit,
und darum, Leute, freun sich so
aufs Christfest nicht nur die Affen im Zoo:
Weil's dich und mich genauso freut,
wünsch ich eine
fröhliche Weihnachtszeit!

Freude zum Christfest

Heut ist mir was Lustiges passiert,
da hat mir der Hase gratuliert;
er hat nicht über das Wetter geklagt,
er hat nur „Fröhliche Ei-Nacht" gesagt.
Da hab ich gedacht, wenn der Osterhase
es mir schon so deutlich reibt unter die Nase,
wenn es längst Nikolaus war und der Weihnachtsmann naht,
dann wird's höchste Zeit, denn sonst ist es zu spat
zur (Oma) zu gehen und ihr von Herzen
was Gutes zu wünschen. Mir ist nicht zum Scherzen,
ganz ernst will ich sein, und so bin ich gekommen.
Vom Himmel hoch hab ich die Botschaft vernommen,
die Weihnacht klopft an, und so wünsche ich heute:
Zum Christfest Gesundheit, Glück, Frieden und Freude!

*Weihnachtswünsche –
kurz und bündig*

Was eure Herzen nur begehren,
mög' euch der heilige Christ bescheren:
Glück und Gesundheit allezeit
und ewige Zufriedenheit.

Mit großer Freude bring ich heut
der Wünsche allerbeste:
Gott segne, teure Eltern, euch
am heutigen Weihnachtsfeste!
Er schenke euch Zufriedenheit,
Gesundheit, Heil und Glück;
bewahre euch vor Traurigkeit
und jedem Mißgeschick!

Meinen Eltern, meinen lieben,
hab dies Wünschchen ich geschrieben:
Liebe Eltern, Gottes Segen,
Glück und Freud' auf allen Wegen,
und Gesundheit allerbest'
zu dem schönen Weihnachtsfest!

Heut ist der allerschönste Tag,
den es auf Erden geben mag;
da ist mein ganzes Herz so voll,
ich weiß kaum, was ich sagen soll.
Drum bitt ich: Lieber Weihnachtsmann,
nimm dich doch aller Kinder an
und allen, die auf Erden
wollen fromm und artig werden!

      Aus dem 19. Jahrhundert

Wunschzettel eines kleinen Mädchens

Was ich mir wünsche vom Weihnachtsmann?
So viel, wie er gar nicht schleppen kann!
Oh, meine Wünsche sind nicht ohne:
Ein Schloß, in dem ich mit Schulfreunden wohne!
Daß ich mit der Mama allein verreise,
daß ich mir nie mehr auf die Zunge beiße.
Daß ich stärker bin als mein Papa,
daß nicht mehr hinken muß die Großmama,
und daß es keinen Krieg mehr gibt.
Ich wünsch mir ein Kätzchen, das mich liebt.
Einen Stall mit zwei Pferden wünsche ich mir,
daß sich ganz von alleine übt mein Klavier,
daß mein Wackelzahn rausfällt, das wäre schön,
und daß alle meine Wünsche in Erfüllung gehn.
Eine saubere Umwelt wünsche ich auch
und fröhliche Weinachten, wie's so der Brauch.
Dann wünsche ich noch, daß die Erde nicht bebt,
und keiner den Weltuntergang erlebt.
Gern hätt ich noch Kirschtorte, reichlich und satt,
daß mein Bruder nicht immer was zu meckern hat,
daß nur dreimal pro Woche Schule ist,
und daß der Opa gesund wird und nichts mehr vergißt,
daß der Vati nie fortgeht und Mutti nie streitet,
daß sie oft mir mein Lieblingsessen bereitet,
daß jeder schlemmen darf wie er mag:
600 Pfannkuchen auf einen Schlag!
Das wünsch ich mir alles vom Weihnachtsmann.
Ob er meine Wünsche erfüllen kann?

Mit Lebkuchen

Mit runden Küchlein, würzig-fein,
denn „Labekuchen" sollen sie sein,
stell ich mich heute bei dir ein.
Lebkuchen sind's zum Feste
für dich und deine Gäste.
Wer solch ein zartes Oblatenbrot
dem Freundeskreis zur Labung bot,
litt unter Armut nicht und Not.
Lebkuchen warn begehrt,
als Heilmittel verehrt.
Ich bring dir Küchlein, würzig-fein,
Wegzehrung sollen sie dir sein,
sie sollen stärken dich, daß kein
Gebrechen und kein Leid
dich quält zur Weihnachtszeit!

Hab 'ne gute Zeit!

Die Welt ist dunkel ringsumher
und oftmals kalt und liebeleer,
da sei dir in der Winternacht
ein fröhliches „Grüß Gott" gebracht.
Sei fröhlich, hab 'ne gute Zeit
und alles, was dein Herz erfreut!

Mit einer bunten Obstkiste

An Weihnachten ernährt sich ein jeder gesund,
dann bekommt sogar 'nen Vitaminstoß der Hund,
ein schokoliertes Pfläumchen
hängt auch am Weihnachtsbäumchen.
Papayas schmecken der Oma gut,
und Feigen in Joghurt schlemmt Tante Ruth.
Eine Knabbermischung mit Mandelkern,
die nascht schon das kleinste Mädel gern.
Der Großpapa schält sich Melonen
und Mangos aus fernen Zonen.
Orangen, Äpfel, Bananen
verspeisten schon unsere Ahnen.
Zur Feier bringen die gewisse
Feststimmung die reifen Nüsse.
Auch gibt es, bei meiner Ehre,
chinesische Stachelbeere
und süße Datteln und Trauben;
man sollte es gar nicht glauben,
selbst Erdbeeren, Clementinen,
Aprikosen und Mandarinen
sind „in", daß zur Weihnachtszeit
sich jeder der besten Gesundheit erfreut.
Auch ich kam vor allen Dingen,
dir gute Wünsche zu bringen,
und damit du gesund bleibst: ein Kistchen
mit Früchten – von allem ein bißchen!

Weihnachtswunsch für die Oma

Liebe Oma, hör gut zu,
sag mir nicht: „Du störst mei Ruh'!"
Deine Ruh' will ich nicht stören,
bitte nur, mir zuzuhören.
Ich erwart's zwar schon, du spricht's
wieder aus: „Bub, ich will nichts!"
Vor der Weihnacht hast du Angst,
weil um unser Wohl du bangst,
daß wir dich zu sehr verwöhnen
mit dem Kram, dem teuren, schönen,
der viel kostet und dabei
aber ganz entbehrlich sei.
Heuer mußt du dich gedulden,
denn wir stürzen uns in Schulden,
längst nicht mehr um deinetwegen,
wünschen dir nur Gottes Segen,
und das Christkind bitten wir,
daß es gar nichts b r i n g t zu dir,
sondern diesmal dir was nimmt!
Oma, bist du eingestimmt,
was das Christkind n e h m e n soll?
Wenn's das macht, wär's wirklich toll!
Liebes Christkind, unser Hort,
nimm doch Omas Rheuma fort.
Nimm ihr auch den Augen-Star.
Christkind, das wär wunderbar,
wenn die Oma wieder sieht
deutlicher, was rings geschieht,
und auch besser hören kann.
Da bist du der Rechte dann,
wenn die Hörbehinderung
fort, und Oma wieder jung.

Wenn zuviel Cholesterin
in ihr ist, nimm's auch dahin.
Kummer, Not und Einsamkeit
trag von Oma fort ganz weit;
und was sonst gern los sie hätt':
nimm's ihr weg! Ach, sei so nett.
Wir nur wünschen diese Sachen,
aber du – du kannst es machen.
Christkindlein! Sei unser Gast,
nimm der Oma jede Last.
Ihre Enkel wünschen ihr
dies zum Fest; jetzt liegt's an dir!

*Mit einem Geschenk
vom Weihnachtsmarkt*

Ich bummelte über den Weihnachtsmarkt,
da habe ich mir gedacht,
ein kleines Mitbringsel sollte es sein,
was dir sicher Freude macht.
Ich schlenderte dann bis vor dein Haus
und drückte gleich auf die Klingel,
du schautest aus dem Fenster heraus
und dachtest: Was will der Schlingel?
Ich will ehrlich gar nichts! Ich wollte dir nur
eine Weihnachtsfreude heut machen.
Drum packe mein kleines Präsent nur aus
und – freue dich über die Sachen!

Glückliche Weihnachtszeit

Wie strahlt der Baum im Lichterglanz,
als zeige er unseren Wohlstand ganz.
Es häufen sich Geschenke,
fast brechen Tisch und Bänke.
In früheren Zeiten gab's das nicht.
Zwar hungerten die Armen nicht,
doch brannten nur wenige Kerzen
zwischen Honigkuchenherzen.
Es hingen Äpfel an dem Baum,
für uns genügen die heut kaum;
man schwärmte für die Kartoffel
und schenkte sich höchstens Pantoffel.
Doch war man glücklicher als wir?
Ich wünsche allen, dir und mir,
im Überfluß Zufriedenheit
und eine glückliche Weihnachtszeit!

Beim Anzünden der Kerzen

Wir zünden die Kerzen an.
Wie hell erstrahlt jetzt die Tann'.
Kaltes, elektrisches Licht
ist längst so feierlich nicht.
Wir freuen uns auf unsere Geschenke.
Doch sehr viele Menschen, man denke,
sind heut nicht so glücklich wie wir.
Wir stehen im Kerzenglanz hier,
jedoch in so viele Zimmer
dringt heute kein Hoffnungsschimmer.

Wir sollten darüber nachdenken,
und vielleicht auch den Armen was schenken.
Es heißt doch: Geteilte Freude
ist doppelte Freud' – nicht nur heute!

Der Weihnachtsmann ist hochbepackt

So viele Wünsche hat das Pack!
Der Weihnachtsmann hat sie im Sack.
Zwei Waschmaschinen – wie die waschen! –
trägt er in seinen Manteltaschen.
Ein Markenauto steckt auch drin,
wo stopft der Mann nur alles hin?
Ein Papagei sitzt ihm im Bart,
an Farbfernsehern schleppt er hart;
im Sack die Ledergarnitur,
die Anbauwand, wie schafft er's nur?
Das Video, die Kamera,
ein Segelschiff steckt auch noch da,
Motorrad, Skier, Allotria:
der brave Mann bringt alles an,
damit er uns erfreuen kann.
Doch freut's uns noch am Weihnachtstage,
wenn's viel zuviel? Das ist die Frage!

*Wenn ein älteres Kind
das Christkind vertritt, sagt es*

Das Christkindlein bin ich genannt,
den frommen Kindern wohlbekannt,
die früh aufstehn und beten gern,
denen wird das Christkind alles beschern.
Die aber solche Holzböck sein
und schlagen Bruder und Schwesterlein,
die kommen nicht in den Himmel hinein,
die kommen in den Sack hinein!

Nach Martin Luther

*Dankgedichte für
Weihnachtsgeschenke*

Liebe Mutter, lieber Vater,
herzlich danken heute
eure Kinder allesamt
für die große Freude.
Wieviel Liebe, wieviel Mühe
habt ihr euch gemacht.
Dafür sei euch, liebe Eltern,
unser Dank gebracht.

Liebe Mutter, glaube mir,
herzlich, herzlich dank ich dir
für die schönen Gaben!
Werde ich ein großer Mann,
sollst du auch, wenn ich es kann,
andre dafür haben.
Jetzt bin ich noch jung und schwach,
laufe gern dem Spiele nach
und bin ohne Sorgen.
Doch die Jungen werden alt,
und das Spiel vergeht so bald
wie ein heitrer Morgen.

Um 1900

Dank für eine Weihnachtskarte

Allerherzlichst danken wir
für den Glückwunsch auf Papier,
den die Post ins Haus uns brachte,
der uns echte Freude machte.
Ja, das Feiern ist vorüber,
doch nun wissen wir, mein Lieber,
ganz genau: im fernen Hessen
haben uns Freunde nicht vergessen!

SILVESTER

Zwischen den Jahren ist die Zeit der Rauhnächte, da regierten einst die heidnischen Mächte der Finsternis, und unseren christlichen Vorfahren blieb nichts anderes übrig, als gegen diese Mächte „anzusingen" und anzubeten. Bestimmt ließen sie sich vertreiben, wenn man ihnen auf die Sprünge half: mit Zuversicht und Böllerschüssen!
So ist es bis zum heutigen Tag; am Silvesterabend machen wir die dunkle Mitternacht zum hellen Freudentage! Dann treffen sich die heidnischen und die christlichen Bräuche in der Mitte der zwölf Rauhnächte. Da unser Sonnenjahr 365 oder 366 Tage hat, das heidnische Mondjahr – nach dem man heute noch im Islam rechnet! – aber nur 354 Tage zählt, bleiben 12 Tage „zwischen den Jahren" übrig. Christi Geburt wird noch heute am 24. Dezember oder, wie etwa im alten Rußland, erst nach dem 6. Januar gefeiert. Mit der Geburt des Heilands begann für die Christenheit eine neue Zeitrechnung. Silvester um Mitternacht, in der Mitte der Rauhnächte, wenn Engel und Teufel miteinander ringen, fängt für uns ein neues Jahr an.

Das Jahr geht still zu Ende.
Nun sei auch still, mein Herz!
In Gottes treue Hände
leg ich nun Freud und Schmerz.

Eleonore Fürstin Reuß

Der Jahreskreis

Ein Greis fährt durch die Lande,
ein Prinz mit blauem Bande,
ein brauner Wandersmann,
ein Bauer hinterdran.
Sie fahren in der Kutsche,
in einer blauen Kutsche,
davor zwölf braune Pferde,
wohl um die ganze Erde.
Der Lenz zieht durch die Lande
als Prinz mit blauem Bande.
Der Sommer kommt heran
als brauner Wandersmann.
Der Herbst, das ist ein Bauer
mit Früchten, süß und sauer.
Der Winter ist der Greis:
das ist der Jahreskreis!

Losung für das neue Jahr

Wir sehen froh das alte Jahr
zu seinen Brüdern schweben,
und wenn es uns nicht stets günstig war,
wir wollen es ihm vergeben.
Es kann nicht immer Sonnenschein,
es muß auch trüber Himmel sein.
Was uns das neugeborene bringt,
ist noch in Nacht verborgen;
doch wenn uns Liebe und Freundschaft winkt,
so dürfen wir nicht sorgen.
Drum sollen Liebe, Freundschaft, Wein
im neuen Jahr die Losung sein.

Aus dem 19. Jahrhundert

Von einem Jahr zum andern

Mit dir zugleich durchs Leben hinzuwandeln,
dich immer froh und heiter stets zu sehen,
von einem Tag, von einem Jahr zum andern
auf rosenvollem Weg mit dir zu gehen;
mit Redlichkeit und Freundschaft dich zu lieben,
mich deines Wohlseins, deines Glücks zu freuen:
Dies soll mein heißer Wunsch beim Jahreswechsel sein!

Aus dem Biedermeier

Silvesterwünsche an alle Welt

Der Zeiger auf die Zwölfe fällt,
die Glocke dröhnt, der Hofhund bellt.
Da wünsch ich Glück dem Erdenkreis,
Gesundheit allen, Kind und Greis.
(Doch nicht zuviel – was red ich bloß! –
sonst werden die Ärzte arbeitslos.)
Die Kriege sollten ganz verschwinden,
viel Mißgunst, Neid ist noch zu finden.
Wir haben doch nur eine Erde,
die niemals unbewohnbar werde!
Der Wunsch soll gelten, ist doch klar,
nicht ein Jahr nur, nein, tausend Jahr.
Kein Volk soll einen Krieg anzetteln.
Die Waffenhändler sollen betteln,
da spende ich gern ein paar Mark
und mach mich für den Frieden stark.
Die Fabrikanten und Verleger,
die Wohlstands- und die Weisheitspfleger,
die dürfen ruhig gut verdienen,
der Arbeitnehmer gönnt es ihnen.
Den Zeitungsschreibern, mit Verlaub,
sei auch ein Hoch gebracht, ich glaub,
es lebe hoch im neuen Jahr
auch der, der nicht ganz koscher war.
Die guten Menschen sowieso.
Kurz: ich wünsch ihnen allen ein
frohes Neujahr, und den Armen Trost.
Prost!

Was uns das neue Jahr bringen mag

Nach den astrologischen Berechnungen des bekannten Fernseh-Sehers Nostrahiermus deutet sich für das neue Jahr eine eigene Zukunft an. Der berühmte Weitblicker will wissen, daß schon zu Beginn des neuen Jahres eine etwas frostige Atmosphäre herrschen wird. Diese Eiszeit wird ausgelöst durch einen gewaltigen Umschmelzungsprozeß; und zwar werden gleich zu Beginn des Jahres in allen einschlägigen Bonbonfabriken die nicht verkauften Schokoladenweihnachtsmänner zu Schokoladenosterhasen und zu Schokoladenmaikäfern umgeschmolzen.

Deshalb dauert diese Umschmelzung in einigen Teilen unseres Landes bis in den April hinein. Im Mai hingegen sieht es dann etwas rosiger aus. Unsere Wirtschaft nimmt einen gewissen Aufschwung, weil der Blumenhandel besser floriert. In der ersten bis zweiten Maiwoche werden viele Blumensträuße zum Muttertag gekauft und verschenkt. Das Fliederstehlen in öffentlichen Parks aus Anlaß dieses Festes hat allerdings im nächsten Jahr überhaupt keine nennenswerte Konjunktur. Im Hochsommer hingegen wird es auf unseren Fernstraßen mit tödlicher Sicherheit zu erheblichen Staus und Behinderungen kommen. Kurz nach dem sommerlichen Hoch beginnt dann das Jahr bereits alt zu werden. Wir merken das an den alten Kartoffeln, welche die Gemüsehändler immer noch anbieten, weil sie sie gern losbringen möchten. Einschneidende Maßnahmen gibt es dann bei der kommenden Getreideernte und bei der letzten Heumahd im September. Bereits ab Mitte Oktober begegnen wir dem Jahr schon wieder leicht unterkühlt, zeitweilig sogar aufbrausend.

Falls es zu keinen neuen Kriegen und Auseinandersetzungen kommt, könnte das kommende Jahr einigermaßen friedlich verlaufen. Doch ist spätestens im November mit der Massentötung polnischer Weihnachtsgänse zu rechnen. Ihm folgt ein

riesiges Fischsterben, wobei mit dem Tod von einigen Millionen schlachtreifer Silvesterkarpfen gerechnet werden muß. Mit dem Ableben des kommenden Jahres ist frühestens Ende Dezember zu rechnen, mit größter Wahrscheinlichkeit in der Silvesternacht gegen Mitternacht. Für diese untrüglichen Voraussagen übernimmt der berühmte Fernseh-Seher Nostrahiermus ein volles Jahr lang die Garantie.

(Nach diesem Muster können Sie selber ein „persönliches" Horoskop für Ihre Lieben erstellen, dem Sie gleichfalls Ihren individuellen Glückwunsch zum neuen Jahr einfügen sollten!)

*Auf eine Karte
zu schreiben*

Mitten im Winter
kam ich dahinter,
wie lieb du bist!
Herzliche Grüße,
dir, meine Süße,
weil Weihnachten ist.

Viel Glück

Vor Gott sind alle Menschen gleich;
der Glaube macht uns alle reich.
Ob wir auch alle glücklich sind,
das weiß allein das Jesuskind.
Doch klopft bei dir das Glück heut an,
ist schon der erste Schritt getan.

Silvester-Glückwunsch

Wir wünschen euch soviel Glück und Segen,
als Sternelein am Himmel stehn
und Sandkörnlein im Meere sind.
Ihr sollt so lange gesund sein,
bis ein Mühlstein schwimmt über den Rhein.
Ihr sollt eure Tage und Jahre in Freuden und Frieden verleben,
bis ein Vöglein in den Himmel tut schweben.
Ihr sollt sie in Glück und Ruhm verbringen,
bis sich der Hahn auf dem Kirchturm in den Himmel tut schwingen.
Hat euch mein Spruch gefallen,
so wird es gleich drauf knallen.
Tut es euch nicht verdrießen,
so wollen wir das alte Jahr beschließen
und das neue beschießen.

Vom Niederrhein

So wie es kam, so war es gut

Zur rechten Stunde strahlt die Sonne.
Zur rechten Zeit die Wolken ziehn.
Zur rechten Stunde kommt die Wonne,
zur rechten Zeit die Freuden fliehn.
Was dir die Zeit befiehlt, vollende
mit Kraft und unverdrossnem Mut,
und sieh, du sprichst zuletzt, am Ende:
So wie es kam, so war es gut!

Volkstümlich

Vor dem Zünden der ersten Rakete

Ein neues Jahr steht vor der Tür.
Was mag die Zeit uns bringen?
Das sagt sie weder dir noch mir.
Mit Glück wird's schon gelingen,
daß alles so wie bisher bleibt;
wir leben nicht wie Knechte,
und unser Feuerwerk vertreibt
die bösen, dunklen Mächte.
Für manchen ist das Dasein schwer;
den meisten doch „gefallt's"!
Und wenn diese Rakete sprechen könnte,
dann riefe sie jetzt:
„Gleich knallt's!"

Silvesterglockenklang

Wenn alle Jahre wieder
Silvesterglockenklang
schwingt auf die Erde nieder,
dann sage: Gott sei Dank!
Dann freue dich, daß glücklich
ein Jahr zu Ende geht,
daß still und augenblicklich
ein neues aufersteht.

*Vor dem
Einläuten des
neuen Jahres*

Zum Jahresschluß
ein kleiner Kuß
macht gewiß dir
nicht Verdruß!

Silvesterabend

Ein Jahr geht zu Ende,
wie schnell ging es rum.
Ich steh an der Wende
und gucke dumm.
Ein neues, ein kleines
klopft schon an die Tür;
als friedvolles, feines
kommt es herfür.
In fröhlichen Stunden
verfließe dies Jahr.
Wir bleiben verbunden,
das ist doch klar!

Ein Jahr ist vorüber

Ein Jahr ging zu Ende,
wir stehn an der Wende,
ein neues bricht an.
Sei stets guten Mutes!
Ich wünsche dir Gutes,
so gut ich es kann.

Ein Glücksjahr soll es werden

Wieder ist ein Jahr vergangen,
und ein neues steht am Tor.
Wird es uns den Frieden bringen,
tritt es froh gestimmt hervor?
Viele Jahre waren düster,
manche Jahre waren Mist,
doch ich wünsche, daß das nächste
Jahr für dich ein Glücksjahr ist.

Silvesterwunsch

Des Jahres letzte Stunde
ertönt mit ernstem Schlag:
Trinkt, Brüder, in die Runde,
und wünscht ihm Segen nach!
Zu jenen grauen Jahren
entfliegt es, welche waren.
Es brachte Freud' und Kummer viel,
und führt uns näher an das Ziel!
In stetem Wechsel kreiset
die flügelschnelle Zeit:
Sie blühet, altert, greiset
und wird Vergessenheit;
kaum stammeln dunkle Schriften
aus ihren morschen Grüften.
Und Schönheit, Reichtum, Ehr' und Macht
sinkt mit der Zeit in öde Nacht.
Sind wir noch alle lebend,
wer heute vor dem Jahr,
in Lebensfülle strebend,
mit Freunden fröhlich war?
Ach, mancher ist geschieden
und liegt und schläft in Frieden!
Klingt an und wünschet Ruh' hinab
in unsrer Freunde stilles Grab!
Wer weiß, wie mancher modert
ums Jahr, versenkt ins Grab!
Unangemeldet fordert
der Tod die Menschen ab:
Trotz lauem Frühlingswetter
wehn oft verwelkte Blätter.
Wer von uns nachbleibt, wünscht dem Freund
im stillen Grabe Ruh' und weint.

Der gute Mann nur schließet
die Augen ruhig zu;
mit frohem Traum versüßet
ihm Gott die Grabesruh'.
Er schlummert leichten Schlummer
nach dieses Lebens Kummer;
dann weckt ihn Gott, von Glanz erhellt,
zur Wonne einer besseren Welt.
Auf, Brüder, frohen Mutes,
auch wenn uns Trennung droht!
Wer gut ist, findet Gutes
im Leben und im Tod.
Dort sammeln wir uns wieder
und singen Wonnelieder.
Klingt an, und „gut sein immerdar"
sei unser Wunsch zum neuen Jahr!

Johann Heinrich Voß

Zum guten Ende

Wir sind nun am Ziele eines glücklich verlebten Jahres. Wenn ich seine Tage überschaue, so finde ich, daß ich unzählig viel Gutes aus Ihren Händen erhielt. Möchte Ihnen der gute Gott dafür alles das geben, was Sie immer erfreuen, was Ihre Wonne, was Ihr Glück und Ihre Zufriedenheit hienieden erhöhen kann! Möchte sein Segen immerhin Ihre Lebenstage bis in die spätesten Zeiten mit Gesundheit krönen.
Achten Sie mich fernerhin Ihrer Güte und Ihres Wohlwollens würdig; ich bitte Sie herzlich darum!

Aus: „Der Gratulant in Prosa", 19. Jahrhundert

RECHTLICHER HINWEIS

Herausgeber und Verlag haben sich bemüht, alle rechtlichen Belange vorab zu klären und die Inhaber von Urheberrechten an einzelnen Werkstücken ausfindig zu machen. Sollte dennoch ein Urheberrecht übersehen und keine Vorabsprache getroffen worden sein, wäre der Verlag für einen Hinweis dankbar. Namentlich nicht gekennzeichnete Beiträge stammen vom Herausgeber. Bei den volkstümlichen Gelegenheitsdichtern wurden Autorennamen in manchen Fällen fortgelassen, in denen die Zuschreibung nicht gesichert war. Bei entsprechenden Hinweisen aus der Leserschaft könnten diesbezügliche Fehler, aber auch eventuelle fehlerhafte Zuschreibungen korrigiert werden. Sprachliche Erneuerungen alter Ausdrücke und kleine Textänderungen an den Werkstücken waren in den meisten Fällen beabsichtigt, um die Lesbarkeit der Gedichte zu verbessern und um zu einem besseren Verstehen des alten Versgutes beizutragen. Diese Änderungen sollen den Gebrauchswert der Sammlung steigern und alten und spröden Reimen wieder Leben und neuen Witz einhauchen.

Und nun ist's aus und Amen,
und das Liedli hat ein End'!